OTAN IYEBIYE
Las Piedras Preciosas

COLECCION DEL CHICHEREKU EN EL EXILIO

EDICIONES UNIVERSAL. Miami, Florida, 1986

LYDIA CABRERA

OTAN IYEBIYE
Las Piedras Preciosas

EDICIONES UNIVERSAL

P.O. Box 450353 (Shenandoah Station)
Miami, Florida 33145 U.S.A.

Library of Congress Catalog Card No.:

I.S.B.N.: 978-0-89729-397-6

2da. edición, 1986

OBRAS POR LYDIA CABRERA DE PROXIMA PUBLICACION:
==

==VOCABULARIO ABAKUA
==EL CURANDERO. PALEROS Y SANTEROS.
==LOS ANIMALES EN EL FOLKLORE Y EN LA MAGIA DE CUBA
==SUPERSTICIONES Y BUENOS CONSEJOS

ALGUNAS OBRAS SOBRE LYDIA CABRERA:

==HOMENAJE A LYDIA CABRERA(estudios sobre Lydia
  Cabrera y otros temas afroamericanos) Reynaldo
  Sanchez y Jose. A. Madrigal, editores.
==IDAPO(sincretismo en los cuentos negros de
  Lydia Cabrera), Hilda Perera
==AYAPA Y OTRAS OTAN IYEBIYE DE LYDIA CABRERA
  (Notas y Comentarios), Josefina Inclan

A una perla: Ana Rosa Núñez.
A una Omomí Kosinile.
A un Awo: Obesa Yeyé Materó.

IRAWO... OTAN YEBIYE

—"Bamboché ¿cómo le llamaban los lucumís a las estrellas?

—Irawó, y a la estrella gorda que mi madre saludaba como era su costumbre, cuando saludaba a la Luna, que se dice en lucumí Ochupá u Ochú y no se confunda con Ochún, Ochú como estornudo, ella le llamaba Awalá."

Bamboché... Mis lectores lo conocen. ¡Nunca podré dejar de citarlo! Cada vez que registro mis primeras fichas me sale al encuentro, como en esta que acabo de copiar, respondiendo a una pregunta, haciéndome un cuento o explicándome con su gracia inimitable algún punto de sus creencias que era oscuro para mí.

Antes de la segunda guerra mundial, en París, tuve la suerte de escuchar a George Conteneau y de leer sus libros sobre Babilonia y Asiria. Después en Cuba, al interesarme por las culturas africanas que supervivían en nuestra isla, mucho de lo que me contaba de su religión mi Oluko[1] Bamboché me recordaba curiosamente la de aquellos mesopotamios cuyos dioses, al igual que los Orishas que él veneraba, vivían en la tierra, tenían rasgos humanos y eran fuerzas de la naturaleza, Señores de los Elementos,

---

[1] Maestro.

1

—"dueños", dicen los devotos de los Orishas— como lo son Oyá, Agayú, Changó, Ochún, Yemayá; y Bamboché hubiera entendido que la tableta hallada por Oppert el pasado siglo en Nínive con la inscripción: "un caos, el Mar, fue la madre que engendró todo el Universo" se refería concretamente a Olokun-Yemayá, madre de la vida.

A veces los Orishas eran aludido por números que los representaban, —Ogún, Yemayá 7; Ochún 5, Changó 4, etc.— y lo más impresionante para mí en aquellos días lejanos era que mi Oluko preferido, y hoy puedo decir insustituíble, y todos mis informantes de ascendencia o filiación religiosa lucumí también se consideraban, como los primeros babilonios, hijos de sus dioses. Frescas en la memoria aquellas lecturas y conferencias que sugerían otras analogías con las creencias de los negros, —como le ocurre a un joven asiriólogo brasileño, Mariano Cunheo de Carneiro, con quien tuve el gusto de conversar recientemente en París—, sentía gran curiosidad por saber si los descendientes de lucumís identificaban a los Orishas con las estrellas... Por ejemplo: Ochún la de las manillas de oro, es como Ishtar la de los collares, diosa del amor, con tantos amantes y maridos la una como la otra. ¿Ochún, sería también el planeta Venus? La Luna, Ochú, que la madre de Bamboché y los viejos siempre saludaban, ¿era un Orisha, es decir, un Santo, una Santa?

—¡NO! contestó Bamboché. Releo subrayado un no rotundo en la ficha: "los Santos no son las estrellas. El cielo es de Olodumare, las estrellas, el sol, los cometas son de Olodumare; y de Olokun-Yemayá, propiedad particular, la Luna, su mayordoma, encargada de que suba y baje la marea".

A la Luna, sagrada y poderosa, "hay que respetarla, y a su lucero... pero no es ningún Osha[2], ni se le hacen ceremonias ni se le mata expresamente". (No recibe culto especial, no se le ofrecen sacrificios aislados.) Ni al Sol, "que nos da la luz", tampoco, —aunque la ceremonia que se celebra de madrugada después de un Kari-osha[3] o de un gran ebó[4] con toque de tambor en honor de los Orishas, parece una reminiscencia de culto solar.

La misma respuesta recibí de otros viejos olúos, "santeros", —sacerdotes podemos llamarlos con toda propiedad— que me ilustraban. Su religiosidad correspondía a la de los pueblos antiguos, eran más contemporáneos de Gudea y Ur que míos, pero no hallé en ellos lo que tan ingenuamente buscaba, algún indicio de preocupación por la astrología[5].

<hr>

[2] Orisha, Santo.

<hr>

[3] Iniciación: Ka, poner encima; ri, orí, cabeza; Osha, dios.
[4] Sacrificio.

<hr>

[5] Los caldeos fueron los creadores de la astronomía y del cálculo, y de uno de los sistemas más antiguos de adivinación, la Astrología, que se basa en la observación del curso de las estrella y de su posición en el cielo. Para ellos los cuerpos celestes eran los intérpretes de la voluntad divina y creyeron (como los egipcios, los indios y los chinos), que de los aspectos celestes dependían los destinos humanos. Los judíos, después del cautiverio, cultivaron esta ciencia mágica que en la Grecia clásica y en Roma a principios de la era cristiana, tuvo gran predicamento. Su influencia fue enorme, a través de los árabes, en la cultura occidental. En los siglos IX y X ya era importante en Europa, en la que circulaban tratados de astrología y traducciones de Alkindi y Albumazar. Bacon, Abano, el Gran Alberto, Santo Tomás y otros sabios admiten las teorías astrológicas. En los siglos XIV y XV su estudio era fundamental y dominaba otros campos de investigación. Así fue hasta finalizar el

siglo xvii. Pero no sucumbió vencida por la astronomía; bastará con mirar en redor aquí en los Estados Unidos, para darse cuenta de su gran ascendiente en el pueblo norteamericano, tan materialista.

Bamboché, tan sabio, no había oído leer gran cosa en su tabaquería sobre los planetas, y olvidándose que eran "mundos grandísimos" ¡eso sí lo sabía! podía hablar de la Luna, el Sol y las Estrellas como de personajes de carne y hueso. De estos, conocía muchas historias que "su gente contaba" y me relataba, pues al tocar el tema le venían a la memoria. Con los astros estaban emparentados algunos animales. Por ejemplo, Akukó, el gallo, con el sol; el majá[6], las ranas y muchos pájaros nocturnos, con la Luna; pero había tanto que hablar de la Luna, que "si no es una Santa como los demás Santos," —quería decir una divinidad identificada con este astro— "es muy sagrada, tiene mucho poder y todos le pedimos salud".

A Bamboché le gustaba mirar el cielo de la noche; quizás demasiado, pues "le parecía que de arriba lo llamaban", sentía la angustia del misterio y coincidíamos en preferir las noches de estrellas a las noches de luna llena, tan esplendorosas que se las tragaba todas... "se cogía el cielo para ella sola". El mar le daba miedo aunque era su hijo, pero le encantaba contemplarlo desde la orilla, en los almacenes del muelle donde trabajaba cuando era joven y de viejo desde el muro del Malecón, y ver "las toneladas de plata que la Luna le chorreaba encima"...

Naturalmente, para Bamboché la luna era de plata, como propiedad de Yemayá Olokun, y en esto coincidía con los astrólogos, que llaman a la plata Luna.

---

[6] Epicrater angulifer.

4

El sol era de oro y las estrellas. . . desde Awalá que acompaña a Ochú, el diamante más grueso y fúlgido de la noche, hasta la Irawó más diminuta y lejana, le parecían a él Otán yebiyé, piedras preciosas. Esta comparación de un negro viejo es exacta para los que nacimos —y no ayer por suerte o por desgracia— cuando se miraba el cielo en esa Isla llamada Cuba, en la que las noches estrelladas eran alucinantes, las más lujosas del mundo —y lo único que no ha podido destruir en ella el comunismo. Sabemos que arriba, sobre la tierra y el mar fosforescente, el cielo de la noche continúa siendo un joyero fabuloso.

No sé si es una falsa memoria, pero allá en la Habana de azoteas y coches de caballo de hace más de cincuenta años, una Habana que conservaba sus cartas de nobleza, se miraba mucho el cielo. Contemporáneos a quienes lo he preguntado me han respondido afirmativamente. Ninguno se ha olvidado del cometa Halley, como si todos los padres se hubiesen puesto de acuerdo a lo largo y ancho de la Isla para sacar a sus hijos pequeños de la cama entre las dos y las tres de la madrugada y mostrarles aquel prodigio celestial. (Era por cierto, una estrellita con rabo, bastante insignificante.)

Ahora que cualquiera sin ser mago ni haber "desencarnado" puede viajar por el espacio, trasladarse volando de un continente a otro con comodidades que jamás soñaron los brujos y las brujas que iban al gran Sabatt, inestables en sus escobas, aunque no hay noticias de que ninguno se hubiese caído, es cuando menos los cubanos, antaño tan miracielos, ni en general el hombre actual, en ninguna parte, parece que contempla el firmamento; lo que se dice contemplar.

¿Podría concebirse en el presente a un Tales de Mileto cayendo en un foso por mirar arrobado las estrellas? Pues allá en mi infancia eran muchos los que se extasiaban contemplándolas.

Como consecuencia del turismo aéreo el cielo ha perdido prestigio y es incuestionable que las personas más civilizadas e inteligentes no toman en serio que en él resida todavía, a ninguna altura, el Padre Eterno...

Antes de seguir adelante, no está de más advertir que estas notas interesarán sólo a los que creen en los Nueve Coros de la jerarquía celeste y, particularmente, a la Santería y a sus fieles. A la que huyó de Cuba y protegida por sus Orishas que han traído al exilio, con ellos se ganan aquí la vida honestamente, amparando a los que buscan amparo. Divertirán a los curiosos, pero no merecerán ser leídas por cierto tipo de personas supercivilizadas, ya deshumanizadas, mecanizadas, y si cubanas, desaplatanadas e iconoclastas. Se han escrito, además, para aquellas en que funcionan obstinadamente ciertos mecanismos anacrónicos, entre otros el que les procura el placer de perder el tiempo aún a duras sabiendas de que en estas tristes latitudes, el tiempo, ¡bendito sea Dios! "el tiempo es dinero"; y trabajan cantando, necesitan a ratos mirar el cielo, creen en lo que otros llaman cuentos de hadas, porque las hay, y si no las hubiera debería haberlas, y morirán el día que les llegue la hora si antes no mueren de nostalgia, prefiriendo el sol a las bombillas eléctricas; las divinidades del agua, del fuego y de la tierra, a los fríos, exactos, inmisericordes dioses de acero. La alegría, al dinero.

De seguro que los ojos de muchas de estas personas, mis coterráneas, conocidas y desconocidas, descubrieron en el cielo de las noches cubanas de su infancia, como el viejo Bamboché, que lo vio siempre con ojos maravillados de niño, todas las piedras preciosas cuyos nombres aprendieron más tarde; y unas las codiciaron, envidiaron a rechinar los dientes a quienes las tenían, y llegaron a poseerlas, mientras que otras, para ellas siempre lejanas e inaccesibles como las estrellas, sólo las admiraron sin hiel en el corazón.

EL "ASHE" DE LAS PIEDRAS PRECIOSAS

Ninguno de los Santeros o genuinos Olorichas negros que he conocido sabía quién era Platón (de Salomón, algo había oído Bamboché). Por lo tanto ignoraban que Platón atribuía el origen de las gemas a espíritus estelares que convierten en preciosas las materias más despreciables. Que las piedras finas poseen una virtud, una fuerza secreta —un ashé— y que ejercen una influencia buena o mala, esto no lo ignoraba ningún Babá sin haberse tomado el trabajo de leer una línea sobre las propiedades místicas y terapéuticas que la antigüedad, luego la Edad Media y el Renacimiento, les atribuyó entre nosotros "los blancos". Analfabetos y letrados creyeron en ellas hasta el siglo XVIII, y si ya no se utilizan para curar, pulverizadas e ingeridas por vía oral, no por eso se ha dejado del todo de creer en ellas.

En sus años triunfales, producto de su trabajo, del juego o del favor de un Santo, Bamboché adornaba el índice de su mano izquierda con una "señora oruka",[1] por la que pagó al empeñista siete onzas de oro, ¡siete peluconas!, "y la oruka tenía un señor odareke[2] que dejaba ciego". Es decir, hoy lo mismo que en los tiempos más austeros de José de Calazán Herrera, Bamboché, cuando a un Santero lo ayudan sus Orishas, lo primero que hace es comprarse una "oruka" con la piedra del color simbólico de la divinidad a que pertenece, y damos por sentado que ya posee, como la mayoría de los devotos no iniciados, por modesta que sea su economía, una medalla de oro de 18 quilates, de un tamaño que ha aumentado notablemente en el exilio.

Los "antiguos", como se llamaba a las Iyalochas y Babalochas más tradicionalistas y fieles a las enseñanzas de los africanos, estimaban que con las piedras preciosas, precisamente por lo que valen, se hacen "resguardos", amuletos excelentes. Cuanto más costosas esas prendas, más cargadas de intrínsecas virtudes, más eficientes. Sobre todo las que deben exhibirse para llamar la atención y atraer, dominar, mantener a distancia o rechazar —como un collar contra el mal de ojos—, pues las hay que se deben llevar escondidas.

Muchas joyas valiosas de la colonia fueron "trabajadas" por los negros esclavos que gozaban de la confianza de sus amos, los protegían con su magia y ayudaban en sus empresas, y cuando enfermaban los curaban con sus hierbas a espaldas del galeno, cuya ciencia, por lo regular, dejaba mucho que desear.

---

[1] Sortija.

---

[2] Brillante.

8

En dos ocasiones, a petición de dos señoras muy distinguidas de mi amistad, llevé, una vez a una Iyalocha una pulsera con medallas de Santos que había sido bendita en Roma por S.S. Pío XII; y otra a un Padre Inkisa, una sortija de sello en la que había grabados dos cuarteles de un blasón muy conocido de los genealogistas cubanos.

Todo tipo de joyas, pulseras, sortijas, collares, medallas, relicarios, aretes, prendedores, dijes, se someten a operaciones rituales que las convierten en bellos y fuertes amuletos y talismanes: se consacran, y con la infusión del "ashé", la fuerza de un Orisha y a veces de varios, se acrecienta su poder.

Es muy probable que tanto los africanos, los "negros de nación", como sus descendientes, ignoraban que las piedras preciosas se consagraban en la Iglesia. Envuelta en un lienzo inmaculado la gema se ponía en el altar. Se decían tres misas y el sacerdote la bendecía con esta oración: "El que la use sienta la presencia de vuestro poder y sea digno de recibir el regalo de vuestra Gracia y de vuestra protección a través de vuestro hijo Jesucristo en quien reside toda santificación, bendición y consacración, que vive en Vos y reina como Dios para toda la eternidad".

No subestimaban la brujería de los blancos que personificaba para ellos San Ciprián. Sus técnicas no diferían mucho de las suyas. Ni para hacer el bien ni para hacer el mal. Si aquellos extraordinarios brujos africanos de los que aún se contaban en Cuba los prodigios que realizaban, como robar el alma "de un cristiano" y encerrarla en una botella, encender un fuego con un canto, poner a bailar las piedras y hacer hablar a un muñeco de palo, allá en España, ya que tratamos de joyas, los hechiceros famosos de Toledo y Salamanca apresaban espíritus y demonios y los tenían a su mandar, cautivos en un anillo. (Y no se quedaban atrás ingleses, italianos y francesas.) Con las piedras preciosas, por medio de una joya, el Santero puede proteger, agenciar fortuna, felicidad, salud y puede también causar la muerte. ¡Cuántos regalos de joyas maleficiadas han sido la causa oculta de algún drama terrible, inexplicable! Con una gema, magos de todas las razas y en todos los tiempos, han hechizado. La maldad, el odio y... el amor, no pocas veces se valen de un adorno, de una joya, para lograr su objeto. Una madre del pueblo me ha contado "de unos areticos que una vecina envidiosa le regaló a su hijita, que enfermó al poco tiempo y que hubiese muerto si ella inocentemente hubiera seguido poniéndoselos al pobre angelito", y entre casos innumerables que podrían citarse, recuerdo el de un bello prendedor "trabajado", regalo de un sobrino a una tía rica de la que no era muy querido y que anuló completamente la voluntad de aquella señora a poco de usarlo. No se sabe cómo, porque el sobrino era un tarambana, le entregó, con un poder general, la administración de sus bienes. Es así, recurriendo a la magia, que hombres y mujeres se han hecho amar y han sometido a su voluntad a los que quieren dominar. Veamos lo que ocurrió a un soberano que dejó en la Historia un brillo imperecedero. El Emperador Carlo Magno se enamoró locamente de una linda muchacha. El Emperador que se propone rehacer, continuar el Imperio Romano, que sueña con someter y civilizar a los bárbaros germanos, que vence a los lombardos, que traspasa los Pirineos —para sufrir en España la derrota de Roncesvalles—, lo abandona todo por ella y por no separársele un

instante, no se ocupaba de los asuntos de estado...
Murió aquella joven, y la desesperación de Carlo
Magno no tuvo precedentes en la histora de las ma-
nifestaciones más espectaculares del dolor. Se abrazó
al cadáver, y al intentar separarlo de la muerta el
Arzobispo de Colonia, apercibió un fulgor entre los
labios, el bigote y la barba florida del Emperador,
y le retiró de la boca una piedra preciosa de indecible
belleza. Y he ahí que al tenerla en sus manos el Arzobispo, cesó de súbito la aflicción infinita de Carlo
Magno. Sucedió esto en la que fue después Aix-la-
Chapelle, capital del Imperio Carolingio. Una vez
enterrada la muchacha, el Arzobispo de Colonia arrojó la piedra preciosa en un lago cuyas márgenes
recorría después soñador, el Emperador, enamorado
de sus aguas, tan enamorado que cerca del lago fabricó su palacio.

Menos ambiciosamente, muchas piedrecitas sin valor pueden servir de mascota, dar buena suerte, como
un trébol de cuatro hojas, ciertas semillas, un caya-
jabo, un ojo de buey que se rodea con un sencillo aro
de oro y lo llevan los hombres en la cadena del llave-
ro y las mujeres en una pulsera. Hay muchas cosas
que "por gracia de la naturaleza", sin que el Santero
las trabaje, dan suerte y protegen a quien las lleve...
("una plumita de loro"), pero esa virtud natural
aumenta cuando esas cosas se consacran.

Nunca los viejos santeros aconsejaron a sus ahija-
dos y consultantes ricos o acomodados el uso de deter-
minada piedra preciosa porque ésta fuese la piedra
del mes en que aquellos habían nacido, sino la "otán
dara iyebiyé"[3] del color de la divinidad que los pro-

---

[3] Piedra preciosa.

11

tegía o de que eran hijos o devotos. Cierto que se nace, era un decir, "con buena o con mala estrella", unos con estrella y otros estrellados y que creían en el destino (ya se venía con él al mundo "puesto" por Olofi en la frente), pero no porque el destino de cada criatura dependiera de una estrella.

"¡No mandan las estrellas, manda Dios!" Así, terminantemente, sin sospecharlo, estaban de acuerdo todos mis viejos con San Agustín, quien no le concedía veracidad a los horóscopos y preconizaba que sólo la Voluntad Divina gobernaba el mundo, decidía de los acontecimientos y del destino de cada hombre. Nuestros destinos "dependen de Olofi en primer lugar; de Elegua y de los encaprichamientos de los Osha, y el mejorarlo depende de Orúmbila-Ifá que aconseja cómo ir escapando de lo malo lo mejor posible".

Leo en otra de mis fichas (Jovellanos, Matanzas), Reyes dixit: "Será verdad que a cada mes le corresponde una estrella y una piedra. Así dicen. Pero eso no era lo correlativo —sic— ni lo del horóscopo para el mes, que traen los periódicos, tampoco. No, los viejos no hablaban de eso".

De los signos del Zodiaco, de las piedras de cada mes, ¿qué sabían los taitas?, ¿qué sabían lo que era un horóscopo? Para conocer el porvenir está el Dilogún, está Ifá que confirma y amplía los augurios del primero. Dilogún e Ifá, los dos sistemas de adivinación de nuestros lucumís.

Cuando un consultante le pide a una santera responsable que "le dé algo para buena suerte", ésta le pregunta a sus caracoles lo que le conviene hacer para ganarse el favor de un Orisha. Indaga cuál está dispuesto a protegerlo, qué ebó le ordena, con qué

12

hierbas deberá purificar su cuerpo y su casa, qué color y qué cosas le son favorables y cuáles debe evitar... Y muy importante, lo esencial, de qué Orisha es hijo el consultante.

No recuerda ningún asiduo a los Ilé-Orishas —Casas de Santos— que se le haya mandado a usar una piedra legítima o de imitación porque ésta era la que le correspondía al mes en que nació y por lo tanto influiría en él beneficiosamente.

Para la utilización de las piedras preciosas como resguardo y agentes de suerte, al Babalorisha y a la Iyalosha fieles a la tradición, poco le importarán la correspondencia de las piedras preciosas y los meses del año, a saber: Enero: granate. Febrero: amatista. Marzo: heliotropo, un ágata verde con manchas rojas. Abril: diamante. Mayo: esmeralda. Junio: perla. Julio: rubí. Agosto: piedra luna. Septiembre: zafiro. Octubre: ópalo. Noviembre: topacio. Diciembre: turquesa. O según San Isidoro de Sevilla: Enero: jacinto. Febrero: amatista. Marzo: jaspe. Abril: zafiro. Mayo: ágata. Junio: esmeralda. Julio: ónix. Agosto: cornalina, Septiembre: crisolito. Octubre: aguamarina. Noviembre: topacio. Diciembre: rubí.

COLORES SIMBOLICOS DE LOS ORISHAS

Cada Orisha es "dueño de un color", tiene un color emblemático.

Fun-fun, el blanco, le pertenece a Obatalá. Elú, azul profundo, a Olokun; afereré, azul claro, a Yemayá. Eidé, lobedo, verde, a Ochún y a Orula. Pupo, rojo, a Changó, a Agayú y a los Ibeyi. Pupurusa, morado, a Ogún y a Ochosi. Awo pupo, owura, yeyé, amarillo, a Ochún y a Orula. Dudu, negro, a

13

Elegua y a Echu. Y todos entremezclados a Oyá.
Los Orishas actúan en sus colores. Con ellos protegen a sus hijos y devotos en los Ileke-Orishas[1] collares de cuentas que tienen, como saben los adeptos de todas las sectas de origen africano, un gran valor místico.[2]

---

[1] Collares de Santos.

---

[2] En Africa, antes del arribo de los europeos, los colorantes de que disponían los africanos no les permitía obtener más que el negro, el blanco y el rojo. El blanco es el color de los espíritus. Rojo simboliza alegría y vida; el negro, muerte, cosas maléficas. Nuestros ñáñigos emplean el amarillo como emblema de la vida terrestre y el blanco, de la vida en el más allá; el negro, color de la muerte, para duelo. Mucho se ha escrito en Europa sobre el simbolismo de los colores. Según Giacinto Gimma, "De la Historia Natural de las Gemas", citada por Kunz, blanco expresa pureza, austeridad, religión, honradez, castidad. Rojo, señorío, gobierno, nobleza, venganza, orgullo, obstinación. Azul, sabiduría, generosidad, celos de amor, cortesía, vigilancia. También simboliza la infancia. Verde, juventud, alegría, esperanza, júbilo infantil, declinar de la amistad. Morado, sobriedad, gravedad, altura de pensamiento, devoción. Negro, sentido común, perseverancia, fortaleza, constancia en el amor. También es símbolo de envidia. En el año 1850 circuló mucho por la Habana un librito editado por la Librería de Graupera, Muralla 32, titulado "Flora de las Damas o Nuevo Lenguaje de las Flores". Era la época en que se hablaba con flores, con abanicos y más que nada con los ojos. El prólogo en verso, de un tal Teodoro Guerrero,

> *"perdí en flor mi corazón*
> *que al florecer mis amores*
> *vi perdida entre las flores*
> *las flores de mi ilusión".*

debía ser muy del gusto de las damas de aquel tiempo, y el librito pasó a provincias, pues en la ciudad de Trinidad

14

el 1940 lo conservaba una viejita. Uno de sus capítulos está dedicado al simbolismo de los colores: blanco, buena fe, candor, pureza, inocencia. Rojo: pudor, amor, candor. Azul: fidelidad, lealtad, sabiduría, pureza de sentimientos. Amarillo: gloria para los antiguos, infidelidad para los modernos. Verde: esperanza. Negro: dolor, desesperación, luto.

Basada en el color de cada Oricha he aquí una lista de las piedras preciosas que les pertenecen y en las que ellos ejercen su poder a favor de sus devotos y protegidos.

Brillante, cristal de roca "y una piedra mate blanca" (posiblemente calcedonia), pertenecen a Obatalá, heredero de Olodumare, que le entregó el gobierno del mundo cuando decidió retirarse al infinito. Cuanto es blanco le pertenece. Es la pureza personificada. Sus adoradores visten de blanco y la piedra en que se materializa y se le adora, se envuelve en algodón.

"Todos podemos llevar un brillante, pues todos somos hijos de Obatalá; es el dueño de todas las cabezas y todos somos sus criaturas". Al hijo que bien lo adora, Obatalá lo hace prosperar.

Zafiro: Olokun, Yemayá. La poderosa diosa del mar, es lógicamente dueña del color azul. Todas las gemas azules, acqua marinas, lapislázuli, turquesas muy azules, le pertenecen. Son suyas las perlas ("hijas del mar"), pero las cría para Obatalá.

Esmeralda: Orúmbila, Ochún. Orúmbila, Ifá, es el Oráculo, el Dueño de la Adivinación, "Amanuense de Olofi". Es el que le revela a los hombres y a los dioses su porvenir y el que guía sus destinos. Ochún recibió de su hermana Yemayá, que comparte con ella sus inmensas riquezas, las esmeraldas y otras piedras de aguas azules verdosas que simbolizan la reunión de las dos diosas, Yemayá Kuara-Ochún Kuara, del mar, que es Yemayá, y del río, que es Ochún.

15

Rubí, granate, jacinto, cornalina roja, sanguinaria, son de Changó, dios del trueno, de la guerra y de los tambores; de Agayú, su padre o hermano mayor, dueño de la extensión de la tierra, y de los Ibeyi Oro, mellizos divinos, los Dioscórides lucumís.

Aniceto Abreu, alias Bejuco, hijo de Changó, famoso e influyente santero villaclareño, padrino de un buen presidente de Cuba muy querido del pueblo, poseía un anillo con un bellísimo sangre de pichón, al que se atribuían grandes poderes.

Amatista: De Ogún, dios de los metales y de la guerra. De Ochosi, su compañero, dios de los cazadores y de los animales silvestres.

Topacio: De Orula y de Ochún en su calidad de apestiví (mujer de Orula o la encargada de cuidarlo).

Malaquita verde, jade verde: Orula y Ochún.

Ambar: Ochún, Orula, Inle, Ogún, Ochosi.

Coral: Ochún, Changó, Oyá y de todos los Orishas.

"Ochún usa mucho ámbar, coral y oro. El oro le encanta y es suyo, aunque fundamentalmente su metal es el cobre. Cuando Ochún llegó a Cuba de tierra Yesa, traía sus cinco manillas, sus adornos y atributos todos de cobre."

Azabache, Onice. De Elegua, dios de las puertas, los caminos y encrucijadas. Es muy susceptible, rencoroso y voluble. El más pequeño de los Orishas y sin embargo el más temido. Los mismos Orishas cuidan de contentarlo para que no les "cierre el camino" y les "enrede la suerte". Los africanos lo identificaron con Satanás, porque en uno de sus aspectos puede ser tan maligno como Satanás. Sin embargo, si se le cuida, es una divinidad benévola, dualidad que no presenta nuestro Diablo.

Algunos creyentes vieron en los colores del Movimiento 26 de Julio —sangre y muerte— una amenaza siniestra, y muchos interpretaron el triunfo de los Castro y sus foragidos como una victoria del Maligno. En sus engaños y crueldades el pueblo reconoce hoy la encarnación del diablo.

Está de más decir que no eran rubíes, brillantes, zafiros y esmeraldas, piedras de los africanos, ni de los esclavos que vinieron a América, ni de los horros pobres. Eran vidrios, mas por el valor religioso de sus colores eran tan preciosas a su fe como las más costosas gemas de los blancos opulentos.

Rosarito Nipe, vieja Iyalocha, y Bamboché, le daban a Iyón, el coral, y al ámbar una gran importancia. El coral era el "otán yebiyé de Oba", de los reyes. De estas dos piedras y del azabache, muy estimadas del pueblo cubano por sus propiedades profilácticas y mágicas, hablaremos más adelante.

En cuanto a los metales, la plata y el oro, ya hemos dicho que le pertenecen a la inmensamente rica Yemayá, mujer de Ogún. El más sagrado de todos los metales, nos aseguraba un hijo de Ogún, Patrón de los herreros, es el hierro, "porque es el mismo Ogún. El oro vale más; pero el hierro es más santo y más antiguo". Este gran Orisha civilizó al mundo con sus hierros y su fragua; es dueño del bronce y del acero, con el que fabricó el Machete, su arma y su atributo.

Con el azabache, el ámbar y el coral encontramos frecuentemente el oro, la plata, el hierro, el cobre, el "azogue bendito", en la serie innumerable de "resguardos", amuletos —iches y makutos— que preparan nuestros lucumís y congos criollos, Santeros y Paleros.

Resumiendo y haciéndonos eco de un iniciado en uno de los templos Kimbisas habaneros de la secta fundada por Andrés Facundo Cristo de los Dolores Petit, que nos ofrece en Cuba el ejemplo más perfecto de sincretismo, diremos que las piedras preciosas, como las plantas, "tienen poderes" que les son inherentes, "basta ver cómo brillan"; pero que el vulgo no crea que su virtud y su influencia exceden al de la humilde piedra "viva" habitada por una fuerza sobrenatural que suele hallar el elegido de un Orisha en la sabana, en la ceja de un monte o a la orilla del mar o de un río, y que será adorada como la materialización de la divinidad que los iniciados reciben para rendirle culto. El brillante de más quilates no vale lo que ese okután-Orisha[3] que, en su ignorancia un profano despreciaría... Es el Orisha el que procura la riqueza para adquirir el brillante, "porque es él quien todo lo puede". Para los negros viejos contemporáneos de Bamboché, como para la autoridad Kimbisa antes mencionada, las piedras preciosas, signos evidentes de prosperidad, no poseen más poder que el que un Orisha les confiere y cuyos colores emiten.

Cada año es regido por un Orisha y esto nadie lo ignoraba en Cuba. Su color, su bandera, imperaba ese año. Los Babalaos se reunían para averiguar qué divinidad, mujer u hombre, gobernaría el nuevo año y jamás hicieron de esto un secreto. Inmediatamente el pueblo sabía cuál de los Orishas reinaría los doce próximos meses, y todos contribuían en la medida de sus fuerzas, si era necesario, a evitar con rogaciones y ofrendas que el año que mandaba Babalú Ayé

---

[3] Piedra. Se dice también okután.

fuese un año de epidemias; de lluvias torrenciales, inundaciones, ras de mar, el de Yemayá, Olokun y Ochún (si Yemayá declaraba que se le había perdido un refajo e iba a salir a buscarlo, o si Ochún se presentaba con sus risotadas más provocativas y pérfidas). Solían ser de desórdenes, conflictos, accidentes, riñas y muertes los regidos por los guerreros, Ogún-Ochosi y Elegua; de huracanes y tormentas en los que mandaban Oyá-Yansa u Orula; de incendios y guerras los de Changó y Ayáguna. "Pero los Orishas no se repartían los meses del año. Los días de la semana sí" (como los antiguos romanos). "Decían los taitas que allá en su tierra la semana era más corta. Se acababa el viernes. Es que Olorun hizo la tierra africana en cuatro días, y el quinto descansó, así la semana no tenía más que cinco días. El lunes era de Orúmbila, el martes de Ogún Aladameye, el miércoles de Changó, el jueves de Obatalá, el viernes de todos los Osha. Cuando llegaron los lucumís a Cuba se encontraron con dos días de más, el sábado de Yemayá y Ochún, el domingo de Olodomure y de toda la familia en la iglesia de los amos". Había mujeres que los jueves se vestían de blanco en honor de Obatalá. Era este un color, como observaban los extranjeros en los tiempos de la trata, que usaban mucho las negras, las únicas mujeres que transitaban a pie y vestían batas muy descotadas con largas colas que recogían el polvo y el lodo de las calles.

También actualmente, el lunes le está consagrado a Elegua —aliado de Orula, mensajero de Olorun—, pero hay variantes en estas atribuciones de los días de la semana a los Orishas, y aquí no insistiremos en el tema, pero es indiscutible "que todos los días le pertenecen a Olodumare".

Apón, un pichón de olúo, joven y muy dado al espiritismo que invade a la Santería, lector de Alain Kardec, de libros de teosofía y de magia en ediciones populares, como "El Pequeño Alberto",[4] opinaba que en cuestiones de religión "todo podía compaginarse" (sic). Muy sencillamente: apropiándose de cuanto convenga a la protección y al bienestar individual, tomando lo bueno de cualquier religión, ya sea india, judía o china y "metiéndola" en la propia. "Compaginando esto y lo otro para conseguir lo que se desee, ganar, progresar... Y si se nació en noviembre y se sabe que trae buena suerte comprarse un topacio bien amarillo porque es la piedra del mes en que se vino al mundo, pues se compra aunque se sea hijo de Changó. Y si se es hijo de Changó, se compra una piedra punzó y se tienen las dos. La buena influencia del mes y la del Santo".

El criterio de Apón, muy característico del eclecticismo religioso de los criollos, no convence a una Iyalocha conocida mía que estima que en el caso de los Santeros —exceptuaba a los profanos—, "éstos no nacen verdaderamente en el mes en que sus madres les dieron a luz, sino en aquel en que se les hizo Santo",[5] y la piedra de suerte sería la del mes del nacimiento en la región de Ocha. Además, por lo que yo le explicaba, "veía que no todas las piedras concuerdan con las marcas y colores de los Santos lucumís, y si uno quiere mantenerse dentro de la legalidad del Santo, no se hace nada a capricho, por moda, porque gusta o da la gana, sino lo que él le ordena a uno y nada más".

Las "marcas" a que se refería esta Iyalosha son los números de los signos u Odu del Dilogún, los caracoles de la adivinación. Dieciséis caracoles de

4 "Los Secretos Admirables de Alberto el Magno", tratado práctico y formulario de magia con inventario de las
virtudes de determinadas hierbas, piedras y metales y la
lista de días fastos y nefastos, y "El Tesoro de las Maravillas. Secretos del Pequeño Alberto", que es resumen del an-
terior. Versiones de éste, como del inefable libro de San
Ciprián, corrieron en Cuba, y la influencia de ambos se
advierte en la magia de los "mayomberos judíos", brujos
tildados de "trabajar con el diablo". En "El Pequeño Alberto", que durante siglos gozó en Europa de una gran popu-
laridad, podían adquirirse conocimientos que eran utilísimos
para defenderse, y vuelven a serlo actualmente para aquellos
que en países como el nuestro, en vertiginosa regresión a
algo más tenebroso que la barbarie, son víctimas en cualquier momento de la acusación de un Comité de Vigilancia,
o son rebeldes al despotismo y se les somete a tortura. Sin
duda que en "El Pequeño Alberto" y en el Libro de San
Ciprián y otros grimorios, se aprenden también cosas al parecer anodinas, como hacer callar los estrepitosos coros
nocturnos de ranas en las charcas lunadas o rehacer virgi-
nidades perdidas, pero otras enseñanzas son preciosas, como
las que se refieren a los Espíritus Elementales, esas ágiles y
sutiles criaturas que habitan los Cuatro Elementos, de materia como el aire y de una especie diferente a la nuestra,
pues no son humanos aunque tienen figura humana y razo-
nan como seres humanos, y tampoco son puros animales.
Ambos tratados, "Los Secretos Admirables" y "El Pequeño
Alberto", se le atribuyen al famoso dominico, gran teólogo
y célebre botánico, San Alberto Magno (1193-1280), sin que
pueda probarse que haya sido su verdadero autor. Fue acu-
sado de brujo, como Arnoldo de Villanueva y tantos otros
sabios de una época en que la Iglesia reconocía que el gran
poder del Diablo era capaz de obstruccionar los planes de
Dios.

5 Proceso ritual de la iniciación al término del cual se
"nace" en el seno de la religión. "Hay dos edades", decía
Odedei, "la que se tiene fuera de la religión y la que se tiene
dentro de ella". Es decir, que ajustándose a estas medidas de
tiempo, un niño puede ser más viejo que un sexagenario.

Guinea (cauris), de los cuales sólo "hablan (auguran) doce. La posición en que caen en la estera al interrogar a los Orishas, forma lo que comúnmente llaman una "letra". Hablan sólo los que caen mostrando la parte naturalmente abierta del caracol, no la que perfora el Olorisha para emplearlos en la adivinación.

Así, menos expeditiva, la Santera concluía que la gema que da suerte no ha de elegirse por cuenta propia. En cuanto a "compaginar", apropiarse creencias y sobre todo prácticas nuevas o extrañas, hay que "registrar antes a fondo a ver si ligan con la Regla y qué dicen los Santos". Los que "llevan con seriedad la religión" serán partidarios de este respetuoso parecer. Sin embargo, no convencerán a los que comparten el criterio de Apón. Si él hubiera sabido que también "entre los blancos" a cada día de la semana se le atribuyó una piedra —al lunes, la piedra luna, que algunos ocultistas consideran de las menos dichosas, pero este día, que es afortunado, neutraliza su acción; al martes, el coral o cualquier gema roja; al miércoles, la esmeralda; al jueves, el ojo de gato; al viernes, el brillante; al sábado, el zafiro, y al domingo, el rubí.[6]

---

[6] Existen otras atribuciones de gemas para los días de la semana, por ejemplo: Lunes: Perla o Cristal. Martes: Rubí, Esmeralda. Miércoles: Amatista, Piedra Imán. Jueves: Zafiro y Cornalina. Viernes: Esmeralda, Ojo de Gato. Sábado: Turquesa. Domingo: Diamante, Topacio.
Y también: Lunes: Piedra Luna. Martes: Zafiro estrellado. Miércoles: Rubí estrellado. Jueves: Ojo de Gato. Viernes: Alejandrita. Sábado: Labradorita. Domingo: Piedra Sol.
Las horas del día y de la noche tienen también sus piedras.

Apón hubiese creído que Orichanla, como dueño del Cielo, donde navega la Luna, gobierna los lunes; los martes, Changó o Agayú; el miércoles, Ochún; el jueves, Ifá; el viernes otro de los dieciséis Obatalá; el sábado, Yemayá; el domingo, Olokun y Changó. Según la Hermandad Hermética de los Rosa Cruz, de los lunes, día de la Luna, segundo poder de la Naturaleza, son las perlas; del martes, los rubíes; del miércoles, las turquesas y demás piedras con reflejos celestes; jueves, amatistas oscuras y piedras sanguíneas; viernes, esmeraldas y otras gemas verdes; del sábado, día de Saturno, el diamante.

Si Apón hubiese sabido que hace muchos siglos, un Obispo, Padre de la Iglesia, le adjudicó a cada Apóstol una piedra preciosa emblemática de una cualidad moral o recuerdo de un martirio, a saber: San Andrés, zafiro; San Bartolomé, cornalina roja; Jaime, topacio; San Juan, esmeralda; San Mateo, amatista; San Pedro, jaspe; San Felipe, sardónice —ágata amarilla con manchas oscuras—; San Simón, jacinto; San Tadeo, crisopacio —ágata verde—; Santo Tomás, beril de tonos indefinidos; Apón hubiese sacado a colación su teoría de las "compaginaciones" (analogías), recordando que los Apóstoles, aunque con nombres africanos, están presentes en el panteón lucumí en la numerosa legión de Eleguas, entre los siete Ogún (San Pedro) y los dieciséis Obatalá...

Y antes de pasar a ocuparnos de las piedras preciosas en el campo de las creencias europeas, repetiremos que si en ellas se desea tener un amuleto o talismán en toda regla, se harán consacrar por el Babalao, la Iyalosha o el Babaloricha. Los necesitados espiritualmente de una protección divina, los que aspiran a aumentar sus ingresos, los desgraciados que sueñan con aclarar su suerte, los enamorados que se obstinen en ser correspondidos, los enfermos que desesperan por sanar, no han menester para lograr su anhelo, del imposible Gran Mogol o de la réplica de aquel diamante de más de 255 quilates que hace un siglo se encontró una negra esclava en el Brasil; si un ñame puede, merced al rito, transformarse en un Elegua y cualquier objeto convertirse en sagrado como base de una fuerza sobrenatural, a la más modesta chispita de diamante, zafiro, esmeralda o rubí, a una piedra semipreciosa, se lleva y se fija la fuerza, el aché de un Orisha.

No creen los Iworos que he podido consultar, como creen los hindúes, que el poder de una gema estriba en su perfección. Las cuentas de los collares de los Santos, con que éstos protegen a sus hijos, son de vidrio.

VERDAD O FALORIA.

UNA CREENCIA INMEMORIAL QUE NO SE DESVANECE

¿Habrá quien tome hoy en consideración al comprar una alhaja valiosa, como fue corriente en otras épocas, las virtudes secretas de las gemas que empleó en ella el artífice? ¿Cuántos son los que pagan sin regatear precios elevadísimos más por el íntimo placer de poseer y admirar la belleza de una joya que por la crasa vanidad de ostentarla?

Si entre los primeros se encontrara un verdadero ocultista tendría sobre todo en cuenta sus virtudes secretas; pero si es alguien que sólo por curiosidad recorrió al azar las páginas de algún libro accesible de magia, un tratado de medicina o de farmacopea antigua, el Dioscórides, por ejemplo, como es de presumir que no tomará en serio viejas patrañas, esa lectura no pesará lo más mínimo en su elección.

Los segundos, de existir aún tipos de tal especie —se les llamaba grandes señores—, es muy probable que no tengan ya dinero para el disfrute estético de un lujo semejante y condenable... porque supone un largo hábito de refinamiento o espiritualidad, precisamente lo que les falta a la mayoría de aquellos a quienes hoy sobran los medios e invierten en joyas, y a los que no los tienen y se las roban.

Los eternos Jeremías, que no dejarán nunca de embromar con sus verdades, execran el materialismo que caracteriza a nuestra maravillosa era atómica, y los que conservan o se empeñan en conservar lo que les queda de fe religiosa, les hacen coro: en mayoría abrumadora, la gente es hoy atea, ¡no cree en nada!

No opina así cierto humilde filósofo peripatético que escapó del Paredón y que me hace el honor de librarme su pensamiento. Mi filósofo sostiene todo lo contrario, que no hay hombre en la tierra que no crea en algo. Cree el ateo que no cree en Dios y para consolarse de esto, convierte en religión infalible la Ciencia o el sistema político que le promete a largo plazo un paraíso imposible, y de inmediato un infierno donde poder vengar impunemente sus odios, frustraciones y resentimientos. La gente no es menos crédula que antes; es más grosera que antes, observa el filósofo. La ordinariez se cultiva, se enseña, se estimula, es una gran arma secreta. La imponen los a veces visibles y otras ocultos personajes que se van apoderando del mundo y lo gobiernan. Y la ordinariez, concluye, explica muchas cosas. En una sociedad en que la vulgaridad se ha hecho fuerte, la vanidad, que es de todos los tiempos y consustancial al ser humano, es más burda, más exigente, más impudorosa que nunca. Para responder con exactitud numérica a la primera pregunta que nos hacíamos más arriba no se ha hecho una estadística, sin embargo, es posible que en la proporción de un noventa y ocho por ciento, un esplendoroso brillante, un rubí de fuego, una esmeralda perfecta se adquieran por pura vanidad. De ahí a aventurar que nuestros contemporáneos todos son descreídos, va mucho trecho. La religiosidad habrá disminudo, los mismos teólogos lo admiten, pero es evidente que el interés por la magia y el espiritismo ha aumentado notablemente. Obsérvese en este país. No son sólo los cubanos que en su desgracia, en la desesperada impaciencia por recobrar su patria estúpidamente perdida, recurren con más asiduidad que nunca al adivino, cediendo en ocasiones el mismo incrédulo a la esperanza de un milagro irrealizable. Nunca tuvieron más clientes las cartománticas, las palmistas, los médiums, y entre los cientos de miles de exiliados cubanos, los Santeros y Paleros. No hay vuelta de hoja, a pesar de los avances sorprendentes de la ciencia, ésta no ha conseguido todavía ponerle rabo al Misterio y acabar con las supersticiones —digamos creencias— difíciles de desraizar del alma humana y que son universales. (Verbi gratia, la creencia en el poder de las piedras preciosas.)

No se· han extinguido, quizá afortunadamente —razón tenía Balzac en decir que una superstición vale una esperanza— en ningún pueblo del mundo, en los superdesarrollados ni en los subdesarrollados. Lo hemos visto con asombro, como tantas otras cosas que no sospechábamos, en esta gran nación, como es de rigor llamarla, donde la astrología se ha divulgado y popularizado tanto como la sexología. Podrá observar el extranjero por poco que se mezcle a la vida del norteamericano, cómo éste le da crédito al horóscopo y acepta que la influencia de los planetas regule y decida de su monótona existencia. El semanario *Times* del 21 de marzo del corriente año informa que hay ciento setenta y cinco mil "part times" astrólogos y diez mil "full time", trescientos seis diarios con su sección de astrología que entran en treinta millones de hogares y pronto habrá "computers" que en dos minutos librarán horóscopos de diez mil palabras...

Millones de norteamericanos bien organizados y con plomo en la imaginación, hacen responsables a los astros de su personalidad, de su temperamento, de sus aptitudes e inclinaciones, inclusive de su aspecto físico y quizás hasta de un "bad breath", y van también a que les lean las manos o a las pitonisas o "pitonisos" que miran en bolas de cristal.

Antes que el francés Denisard Rivail —Alain Kardec—, un norteamericano, Andrew Jackson Davis fundó y propagó el espiritismo con sus "Relations with the spirits", un espiritismo "moderno", pues el espiritismo es viejo como la humanidad, que a todo se resigna menos a morir. Este viejo terror a la disolución total nos explica que hubiese en Cuba tantos materialistas que eran espiritistas, "espiritistas científicos", por supuesto; como la aspiración a prolongar y hacer la vida lo más feliz posible en la tierra, a la evasión de peligros imponderables que la amenazan de continuo, a la obtención de bienes materiales, nos explica que el hombre del siglo XX paradójicamente continúe recurriendo a la magia, sustituya con ella la religión y se provea de amuletos y talismanes como el hombre primitivo, que en lo oscuro y entraño de su alma, no ha dejado de ser.

SENSIBILIDAD DE LAS PIEDRAS PRECIOSAS. LA PROTECCION QUE NOS OFRECEN

Es natural que aún perviva una creencia que se pierde en la noche de la Historia y que durante siglos formó parte en Europa de lo que era la ciencia; toda la cristiandad, comenzando por los Padres de la Iglesia, creyó en los poderes sobrenaturales de las piedras preciosas. Hay algo atávico, no puede negarse, en aceptar que unas gemas "den buena sombra" y que otras atraigan desgracias. Nadie mejor que un descendiente de africano, un devoto de los Orishas, descubrirá en esta creencia la misma fuente animista, milenaria, y a través de disparidades aparentes, un acuerdo profundo... Nada en ella le será del todo extraño, y no se reirá al leer que las piedras preciosas son extraordinariamente sensibles... y susceptibles; que participan de una esencia sagrada, son castas, y sufren, afirman algunos tratados, cuando sus dueños se envilecen, o caen en poder de personas deshonestas, dadas al vicio o carentes de escrúpulos morales. Al señalar anteriormente que las joyas más valiosas y bellas suelen usarse por ostentación, recordamos haber leído que es nula entonces la acción benéfica que ejercen en sus poseedores. Extrañamente, los brillantes más luminosos se opacan; lo que jamás ocurre, aseguran, con aquellas de nobles sentimientos cuya bondad aviva su brillantez, y es bien sabido cómo enferman las piedras preciosas al enfermar quien las lleva siempre consigo. Las turquesas son el mejor ejemplo de esa receptividad y simpatía. Se altera su color, no ya cuando un mal se declara abiertamente y quebranta la salud de su poseedor, sino apenas éste se insinúa. Una pena, cualquier afección moral, produce el mismo efecto en la fiel y amorosa turquesa, que recupera su color a medida que éste se restablece o se disipan sus tristezas o preocupaciones. Obsérvese qué lucimiento tiene una turquesa en contacto con un hombre o una mujer fuerte y saludable. Aunque no son las únicas piedras que se benefician con el vigor y la vitalidad de esas personas sanas de cuerpo y de alma junto a las que adquieren mayor esplendor. Obsérvese también cómo en un rostro de expresión risueña, de ojos vivos, alegres, que reflejan un carácter cordial y expansivo, sin hiel, son más azules los zafiros, más rojos los rubíes o corales, más puro y luciente el color de la piedra, cualquiera que ésta sea, de unos pendientes o las cuentas de un collar. Se ha insistido tanto y son tantas las historias referentes a lo que estamos tentados de llamar la emotividad hiperestética de las turquesas, que ocurrencias como la de emblanquecer totalmente alguna muy hermosa y azul al morir su dueña, no se ponen en duda. Además de decolorarse en contacto con un cadáver, asegura algún viejo lapidario, otro curioso fenómeno que presentan es el siguiente. (No estará de más el saberlo.) Un hombre o una mujer muy enamorado regala una turquesa al objeto de su amor. Por supuesto, él o ella, o los dos, están seguros de que su pasión será eterna. Sin embargo, pasa el tiempo, y se altera el color de la turquesa, diríase que la piedra, como una flor, se ha marchitado. En uno de los amantes o en los dos se ha apagado la llama de la pasión, que no era eterna y la turquesa sensitiva, sufre una decepción tan profunda que emblanquece o se afea.

En el siglo XVIII era corriente en los hombres llevarla en una sortija, pues además de otras virtudes que posee esta piedra, el amante celoso podía saber si su amada le era infiel.

Es común a todas las piedras femeninas y masculinas, pues pertenecen a uno y otro género,[1] reflejar el estado de salud de sus dueños; todas, en contacto directo con ellos, reaccionan de alguna manera, oscureciéndose, variando de tono, quebrándose espontáneamente o desapareciendo de manera misteriosa en ocasiones, al ser éstos abatidos por alguna desgracia.

Los intuitivos no necesitan una explicación lógica de este fenómeno, están conscientes de la relación misteriosa, del influjo mutuo que se establece entre una persona y... una gema; pero algunos lectores incrédulos quizá no deberán rechazar —por si las moscas— un consejo que emana de la firme convicción que tenían los antiguos y que nos limitamos a repetir: quien posee una piedra preciosa ha de tratarla con gran amor y respeto. No ha de avergonzarse de acariciarla, de decirle su afecto como el fetichero a su fetiche. Que sepa la piedra que su misterioso amor es correspondido y su dueño podrá contar siempre con su influencia protectora.

---

[1] Teofrasto, filósofo griego discípulo de Platón y de Aristóteles, creía que eran de ambos sexos y que se reproducían. También las estrellas, como las piedras preciosas, enseñó Ptolomeo (150 A. C.) el creador de la doctrina del cosmos y del movimiento de los astros, son femeninas y masculinas. El Sol es masculino, y Júpiter, Marte y Saturno. Mercurio es andrógino. La Luna y Venus, por su humedad fecundante, femeninas.

Puede también afirmarse con sobra de testimonios escritos en todos los tiempos, pero mejor será invitar al lector a que busque en sus recuerdos personales, que las piedras preciosas experimentan simpatías y antipatías por ciertos tipos humanos, no necesaria-mente repelentes, con los que no congenian. Son, valga la expresión, alérgicas a la piel, al calor, al sudor —o el aura—, de determinadas personas que las enferman. Cualquiera dará fe de esta peculiari-dad, no sólo en las turquesas, sino notablemente, como es sabido, en las perlas legítimas o de cultivo.

PERLA: La Perla, obra del cielo y del mar, de las lágrimas de la luna, de la lumbre del rayo en la concha,[2] no ha dejado de usarse metafóricamente al cabo de los siglos "por cosa de singular estimación y aprecio", y todavía en la lira de algunos poetas deliciosamente fuera del tiempo, como símbolo de

---

[2] "Perlas o Margaritas, unos dizen ser huesos, otros que son meollo de la misma concha. La opinión más seguida es la que trae Plinio. Orígenes, San Alberto el Magno, el angé-lico Doctor Santo Tomás nos dicen en el mar Oceano se ha-llan unas conchuelas unas veces habitadoras de los abismos, y en las noches serenas o mañanas frescas de apacibles pri-maveras quando el mar goza de bonanza hecho leche, suben sobre las olas los nácares y abren sus puertas cerradas y reciben del rocío del cielo, que recogido encierra y engen-dran perlas que ni conciben de vapores de la tierra, ni de mar, sino de fino rocío. Y si está el ayre nublado cuando conciben salen amarillas las perlas por la materia que se hace el propio ayre y de él toman el color oscuro o claro por razón de ser de día sereno y si relampaguea se aprietan entre las conchas y por falta de alimento se menguan y si truena se encogen amedrentadas de repente y engendran las llama-das phisemetas las cuales dan como unas ampollas vacías". (Félix Palacio. Boticario de la Corte. 1715.)

lágrimas y... dientes. Aunque el burlón de Quevedo
escribió hace más de trescientos años.

"¡Qué preciosos con los dientes
y qué cuitadas las muelas
que nunca en ellas gastaron
los amantes una perla!"

los dientes —los de las damas, se entiende—, solían
durar sanos tan poco tiempo que merecían, en buen
estado, ser comparados a las perlas. Hoy la metáfora
parece ridícula, pero ¿qué podía traducir mejor la
delicadeza, la claridad de una lágrima y su forma?

Los ojos vertían perlas... una linda mujer cuando sonreía "descubría las perlas de su boca". (En
comparación con nuestras abuelas mucho perdieron
nuestras madres, que no tenían como ellas de oro
puro o de fino azabache los cabellos, de rubí o de
coral los labios,

"tus labios son un rubí
partido por gala en dos",

y de nácar la piel.)

Pues bien, la calidad de ciertas epidermis —de
nácar, rosa o camelia— desluce, opaca, enferma y
aún mata las perlas, que al mismo tiempo han menester del calor humano para conservar su belleza,
y no soportan estar cautivas y a oscuras en un joyero
o en las frías cajas de seguridad de un banco. La
hija de un alto personaje cubano, muy encantadora
por cierto, deslustraba el magnífico collar de perlas
que había heredado de su madre. En cambio, una
doncella negra de toda su confianza le daba un brillo
extraordinario, y mientras ésta hacía la limpieza,
con esa llaneza—inconcebible a cierta hipócrita de-

mocracia—, que tradicionalmente fue uno de los mayores encantos de la vida en Cuba, que no conoció barreras de odios de clases ni raciales hasta que el comunismo se infiltró en ellas, le ponía su collar a pesar de las protestas de la buena mujer.

Una creencia muy extendida sobre las perlas legítimas era que inclinaban a la castidad a las mujeres que las usaban continuamente. (No parece que surtiesen el mismo efecto en los hombres, cuando el colmo de la elegancia era llevar una en la corbata.)

Conocí a una mujer que habiendo podido poseer joyas de gran valor, sólo consintió en aceptar de su marido un hilo de perlas que no se quitaba nunca y que brillaban de un modo sorprendente; aquella mujer era la personificación de la virtud. La perla representa a Cristo, al alma humana y a la luz.

Soñar con perlas augura lágrimas. Así lo creía quien adornó siempre su oscuro cuello con perlas falsas, Ma Calixta Morales, la más modesta, la más beatíficamente pobre por haber sido la más honesta y desinteresada sacerdotisa lucumí que tuvo la Habana.

Si creemos a los chinos y a los hindúes, la perla, como el jade, es el resguardo más poderoso que existe. Para los primeros preservaba del fuego, pues estaba asociada al Dragón dador de agua. De manera que cuando en el cielo (de China) pelean los dragones, escupen perlas y éstas llueven sobre la tierra. Los chinos localizaron las perlas en la cabeza del Dragón, mientras los hindúes creían que se encontraban en el cerebro del elefante, animal que es para ellos el símbolo de la majestad.

Por su esencia marina, de las perlas dispone, junto

con Obatalá, cuya pureza simboliza, la Diosa del Mar, Yemayá, sincretizada Nuestra Señora de Regla, Patrona del Puerto de la Habana. Ya veremos más adelante otras virtudes que residen en ellas.

El BRILLANTE. No en balde es de todas las piedras preciosas la más codiciada. Dimante se le llamaba hasta hace relativamente poco tiempo —de Adamás, indomable, por su dureza.

Los hay de todos colores, hasta negros, aunque éstos son muy raros. No tienen los opalescentes, rojos, verdes, azules y amarillos el valor de los blancos sin mancha de color, que despiden una luz viva e incesante, réplicas perfectas en miniatura de un lucero. Es un regalo del cielo aunque nace en la entraña de la tierra y en bruto no es más que un carbón cristalizado.

El poder que desde los tiempos más remotos le fue reconocido al diamante —los sacerdotes de Esculapio lo empleaban contra la locura y grandes galenos de la Edad Media y del Renacimiento preconizaron su virtud de mejorar a los locos—, es el de aniquilar a los malos espíritus y los maleficios de los brujos malvados.

Todos los viejos tratados le asignan al diamante, en la magia defensiva el puesto más importante. En tiempos en que el Diablo, en Europa, como enemigo de Dios, era odiado y perseguido por todo buen cristiano, y sus adoradores y los que hacían pacto con él quemados vivos, un diamante libraba a su dueño de una posesión demoníaca que era a veces inevitable por muy cristiano que se fuese, pues Satanás siempre en acecho no perdía ocasión de jugarle una mala pasada al más calambuco. Un olvido, por ejemplo, bostezar abriendo desmesuradamente la boca sin hacer la señal de la cruz, y el Diablo se le metía a uno en el cuerpo. Como le ocurrió, cuenta Gregorio el Magno, a una monja romana. Aquella monja vio en el huerto de su convento una lechuga tan fresca, verde y apetitosa que se la comió. El Diablo que casualmente estaba en la lechuga, fue precipitado por sorpresa al fondo del estómago de la monja. Esta no tardó en dar señales inequívocas de endemoniamiento. Para casos semejantes le sobraban a la Iglesia exorcismos antes de mandar a la hoguera a los verdaderos culpables de satanismo, como eran brujos y brujas. Y así fue que cuando el sacerdote llamado para sacar de aquel mal trance a la pobre monjita comenzó a exorcizar, el Diablo, muy enojado se le quejó y no sin razón. —¿Qué he hecho yo? – gritaba a cada latinajo—. ¡Nada! Yo no he tenido la culpa, yo estaba sentado en la lechuga y esta mujer me tragó.

El Diamante aleja al Demonio y si un fantasma agresivo atacase a quien lleve uno, como ha sucedido muchas veces, al verlo se desvanecería. Su brillo desorienta y desarma a los espíritus inferiores o a las almas condenadas, sin paz, que atormentan a los vivos.

Disipa los sueños angustiosos y las pesadillas; propicia aquellos que puedan beneficiar al durmiente con una revelación que le esclarezca una duda y lo induzca a tomar la determinación que le sea favorable. Los sueños, como saben los adeptos al culto de los Orishas, son una de las vías de trasmisión de consejos, de órdenes o enseñanzas con que éstos los ayudan en algunas circunstancias.

Otra virtud del diamante que proviene de su fir-

35

meza es la de infundir valor a su dueño. Se creía en el siglo XVI, cuando los hombres guerreaban cuerpo a cuerpo, que si uno de los combatientes llevaba un diamante en el brazo, éste le acordaba la victoria sobre su enemigo.

En nuestro siglo es positivo en el terreno de las finanzas y de la jurisprudencia, que quien lleve un "diamantón", un solitario de miles de dólares en el dedo, ganará al contrincante que no lo tenga.

Si el lector dispone de tiempo y de paciencia para consultar a Plinio, verá que la acción protectora del anillo de brillante es mucho más eficaz si se lleva en la mano izquierda o del lado izquierdo si se trata de un prendedor, porque la fuerza del diamante aumenta, crece, hacia el Norte... "que es el lado izquierdo del mundo", pero Kunz cree que los antiguos no conocieron el diamante.

Muchos grandes hombres confiaron en su virtud; Napoleón I, entre ellos, lucía uno en su sable, y como buen italiano dicen que era muy supersticioso y que la misma fe tenía en una cornalina egipcia que colgaba de la cadena de su reloj.

En resumen: la virtud, el "ashé" del diamante preserva de la brujería, de mala suerte, de locura, veneno y enfermedad. Hace invisible, anonada las malas miradas, defiende contra toda índole de agresión espiritual, como el daño que causan entes invisibles e incorpóreos o una maldición bien dirigida que por obra y gracia del diamante, tornará como un boomerang a derribar a quien la lanza. Protege igualmente contra ataques físicos. Hay autores que aseguran que una fiera, un tigre no se arrojará sobre el que ostente un diamante. Mas todos los poderes del inquebrantable Adamas no actuarán —lo repetimos por última vez y no se olvide—, así como los de las demás piedras preciosas si aquellos que las poseen las profanan con sentimientos mezquinos o cometiendo malas acciones.

Era la piedra de los Rosa Cruz. Está asociado al sol, al oro y al Angel Gabriel. Según el lapidario de Alfonso X tiene la influencia de todos los planetas. Soñar con diamante es presagio de triunfo y de fortuna cuantiosa.

Provoca el éxtasis en las personas de temperamento místico.

ZAFIRO. Como los diamantes, se encuentran de todos los colores y acaso no hay piedra de tonos más variados. Dentro de la gama bellísima de azules celestes y marinos, esta gema que recoge en efecto todos los matices del cielo y del mar, será para los hijos y devotos de Yemayá el símbolo de la "Iyá", la madre divina. Su poder, que para los adeptos del culto de los Orishas emana de la diosa del Mar, Olokun-Yemayá, es inmenso. Se creía antaño que una sirena grabada en un zafiro claro engarzado en un anillo de oro concedía cuanto se deseaba. (Y los que tal creían no eran lucumís.)

La Iglesia, que no dudó como la medicina, de las virtudes de las piedras preciosas, estimó tanto el zafiro que reconocía en éste la alta dignidad del cardenalato.

Considerado en todos los tiempos como una de las gemas más afortunadas —sólo mirarlo da suerte, creen en Oriente—, iguala por su místico valor al diamante; su dureza, su composición y propiedades eléctricas son las mismas. Hace muchos siglos San Jerónimo, relatando los favores que dispensaba el zafiro, dice que amansaba al enemigo, libertaba a los cautivos y a aquellos que también se hallaban esclavizados por un encantamiento.

El zafiro hace amable y le conquista al que lo posee el favor de sus superiores. Y lo hace casto y religioso; acendrando sus cualidades y aptitudes naturales, la afición a ciertos estudios como el de la filosofía, desarrolla, define su personalidad y le confiere importancia. En Grecia le estaba consagrado a Apolo; en Persia se suponía que el mundo reposaba sobre un inmenso zafiro cuyo reflejo teñía la bóveda celeste.

Muchos especialistas lo recomiendan contra el mal de ojo y, lo que diría un Olorisha, contra "brujerías de todas clases". Esto no sorprenderá a ningún devoto del culto lucumí, pues Yemayá, dueña del azul, "rompe los malos ojos y mata cualquier brujería". El más apreciable contra la brujería es el zafiro estrellado. Los tres reflejos que atraviesan su campo simbolizan el Destino, la Caridad y la Fe.

Se dice que hay dentro del zafiro un espíritu cautivo, y que es tan beneficiosa la influencia de esta piedra que continúa favoreciendo fielmente a su primer dueño cuando pasa a otras manos.

"Alegra el corazón", da valor y sabiduría. La claridad del zafiro es símbolo de esperanza. Soñar con zafiro presagia evasión de un peligro.

Quien quiera hacerse de un talismán seguro que aumente su fortuna y le permita además predecir el porvenir, hará grabar un astrolabio[3] en un zafiro.

---

[3] Instrumento de metal en que se describen geométricamente los círculos celestes y que se destinaba al conocimiento de los astros.

ESMERALDA. Es la piedra sagrada por antonomasia. ¡Feliz el que posee una, pues a la vez tiene en ella una panacea! Los viejos lapidarios no fueron parcos en alabarla; ocultistas y galenos, Paracelso, Guainero, en recomendarla. Es tan benéfica que cuando no puede impedir que un mal se abata sobre su dueño, se rompe de desesperación en miles de pedacitos. Tiene como el diamante potestad de infundir coraje al cobarde y proteger en las tormentas. Calma la furia de los elementos; arroja al espacio los malos espíritus cuyos aullidos de frustración al sentirse lanzados con violencia, pueden oír los médiums auditivos. Es un "resguardo", un protector infalible que hace retroceder a Lucifer. Los nigromantes la respetan tanto como al zafiro. Se creía que era tan hostil a los que practicaban la magia negra que los brujos no podían maleficiar ni invocar al Diablo donde hubiese una esmeralda.

No es menos admirable la virtud que ejercita reconciliando matrimonios, amantes y amigos. Con las esmeraldas se descubren engaños; se recuperan cosas materiales y afectos perdidos.

El ambicioso de buena ley, el que sin intención de explotar al prójimo, sólo por su esfuerzo personal y su inteligencia anhela labrarse una fortuna, puede confiar en que una esmeralda contribuirá mucho, con su maravilloso influjo, a enriquecerlo. En cambio no hará nada a favor del que se encanalla por triunfar de prisa.

En amores las esmeraldas juegan un papel importante. Como la turquesa, se deteriora, se raja o se altera su color si es infiel quien la ha regalado a su amante o ha traicionado a un amigo. Esta piedra espera de su dueño una conducta limpia. No cegará nunca el que merece su protección, ni dejará de ser bien querido ni incurrirá en el vicio de la bebida.

Las esmeraldas fortalecen la memoria. Desde la antigüedad se cuentan sobre ellas grandes prodigios. Plinio recoge de la tradición hebrea la creencia de que si una serpiente fija sus ojos en una esmeralda, al instante queda ciega, y posiblemente el mismo efecto causa en los peces, pues en la Isla de Chipre, en la tumba del rey Hermias junto al mar, había un león de mármol con incrustaciones de esmeraldas en los ojos y estas esmeraldas raramente perfectas, relumbraban tanto en el agua que los pescadores no atrapaban un solo pez. Todos huían de sus brillos a esconderse en el fondo y fue necesario para poder pescarlos sustituir aquellas deslumbradoras esmeraldas por unas piedras corrientes. El Santo Graal, el cáliz que los ángeles bajaron del cielo para que bebiese Nuestro Señor Jesucristo en la última cena, era todo él de una sola esmeralda.

Algún sabio afirma que la esmeralda preserva la castidad de las mujeres y que enseria a las más livianas. De ser violada la mujer que lleva una, la piedra estalla.

(Recomendable para ligámenes amorosos.) Egoístamente, para su tranquilidad, un marido o un amante celoso deberá regalarle una a la mujer que ama o a la que corteja y con la que se comporta como el perro del hortelano.

¡Y no quiera el Cielo que caiga al suelo y se parta una esmeralda! Presagia algo funesto y podrían contarse muchos casos impresionantes. Los ingleses recuerdan que de la corona de Jorge III cayó una... y perdió la América del Norte.

Para los cristianos la esmeralda simbolizó la resurrección de Nuestro Señor y la fe. Su color representa la Bondad, la Juventud y la Esperanza. Venus y Mercurio, según el lapidario de Alfonso X, la dominan.

En fin, si no se tiene el hábito de usar continuamente una esmeralda, es conveniente lucirla por lo menos cada viernes.

Es gema de primavera, como el brillante, la perla y la turquesa lo son del invierno. Del otoño son el jacinto, el topacio y el zafiro; y del verano, el rubí y otras piedras de tonos rojizos, que son solares. La primavera será la mejor época para adquirir esta piedra, sagrada para la mayoría de los autores.

RUBI. Comprende toda la gama del rojo y los hay también negros. En concepto de algunos lapidarios es la mejor de las piedras preciosas. Acrecienta la vitalidad de sus dueños; hace al hombre más viril y anima a la mujer de carácter apocado. Ahuyenta los malos pensamientos y las influencias nocivas. Hace jovial, optimista, pues una de sus virtudes consiste en repeler la tristeza y el derrotismo. Un rubí conserva la salud de su dueño. Esta gema solar que se halla según el lapidario de Alfonso X bajo la influencia de Venus, purifica espiritualmente la atmósfera que rodea al individuo que posee una, —en lo físico lo protege de microbios, de sabandijas, de epidemias, enfermedades y contagios—, será amuleto y talismán inapreciable para los hijos y devotos de Changó, Santa Bárbara. Es una creencia antiquísima la que pretende que una casa se protege efectivamente del rayo tocando con un rubí sangre de pichón sus cuatro esquinas. El rubí que se emplee en esta operación ha de ser perfecto; un corandum en su variedad más valiosa. Está de más decir que el rayo no fulmina a quien lo lleve puesto y que esta persona no deberá temer las tormentas.

El rubí se oscurece (algunos se ennegrecen) bien augurando una desgracia o cuando su dueño corre un serio peligro. Al pasar éste, recupera su color. Hoy los rubíes se imitan con tal perfección que hasta un experto llega a confundir el legítimo con el falso, pero no son los falsos los que deberán emplearse como resguardo. No serán molestados por sus enemigos los que poseen uno grande y genuino. Si se graba en éste un dragón, como se creía en el siglo XIII, se goza de una salud perfecta y de una alegría que no alterará ningún contratiempo. La Edad Media, que creyó en el poder de los rubíes, utilizaba el Balas, de Burma, y por cierto que en Burma se los incrustaban en la carne, como hacían nuestros viejos lucumís con sus resguardos de piedrecillas o fragmentos de metal, que ingerían o introducían en la piel. Burma producía los más finos, y todos tuvieron su origen en uno de los tres huevos que puso un dragón. A saber, del primer huevo nació el primer rey de Pagán; del segundo, el Emperador del Celeste Imperio, y del tercero, todos los rubíes...

Según los indios, está escrito en el Rig-Veda, renace Emperador el que con estas gemas adora al dios Krishna.

El fuego vive preso dentro del rubí. Si se mete en agua uno de los más encendidos, ésta se pone a hervir. También creían los orientales que en tiempos de calamidades se nublaban sus luces.

El rubí está asociado al Angel Humiel. Es emblema de amor férvido, de caridad, de realeza. Soñar con un rubí anuncia el arribo de huéspedes que no se esperan.

Se aconseja llevarlo con el diamante en la mano izquierda o del lado izquierdo.

GRANATE. Más asequible —Plinio los llamaba carbunclos de la India—, posee también virtudes notables y permite, a quienes no pueden costearse el ya escaso y maravilloso Sangre de Pichón, beneficiar de influencias análogas al del rubí, que los tratadistas y la experiencia le atribuye al Almandino, el rojo muy vivo o color de vino de Borgoña. El granate da suerte, procura dinero, es decir, facilita los medios de obtenerlo; ahuyenta los espíritus oscuros y erráticos que atrasan a quienes se acercan y anonada la maléfica energía que un brujo lanza contra la persona que tenga la suerte de llevarlo en un anillo u otro tipo de alhaja.

A esta vieja creencia en la potestad que la Divina Providencia le ha conferido al granate para rechazar el mal, puede añadirse el testimonio de Boecio que afirma que llevándolo en el dedo, además de riqueza procura honores e infunde sabiduría. Como el rubí, es antídoto de la melancolía. Alegra y tranquiliza los nervios. Su rojez simboliza también caridad y amor, fidelidad, constancia en los afectos. Está en relación con el Arcángel Gabriel. Soñar con granate advierte que un misterio será esclarecido.

Un león labrado en un granate será, como lo era hace setecientos años, amuleto y talismán que protege a su dueño de toda índole de peligros y le concede renombre y dinero.

JACINTO. Del color de la flor, azul violeta, es el más corriente; el oriental es anaranjado y el de Bohemia es un granate. Posee virtudes análogas a las del rubí. Procuran suerte, ayudan a ganar dinero, infunden alegría, optimismo. Tiene la propiedad de hacer un sabio del que lo lleva en un anillo. Espanta los malos espíritus y es un resguardo excelente para los viajeros. Es emblema de dignidad real. Soñar con esta piedra presagia triunfo.

CORNERINA, CARNALINA o CORNALINA. Muy usada en la antigüedad y muy apreciada aún por nuestro pueblo. Se tenía por muy eficaz contra el mal de ojo, rechaza al enemigo malo, a los espíritus y precave de maleficios. El lapidario de Alfonso x la recomienda a los de voz velada y genio corto. El contacto de la cornalina les da bríos, hablarán con fuerza y vencerán la timidez. Como todas las ágatas, preserva de truenos y rayos y los que padecen de astrofobia deberán procurarse una; si hacen grabar en ella la figura de un hombre armado de un sable, no caerá el rayo en el lugar que habitan.

La cornalina, que "los más quieren que se llame Sardio o Sardo por hallarse en Cerdeña las más exquisitas, aunque otros con Plinio dicen tomó este nombre de Sardis, ciudad de la Lidia Mayor"; "es símbolo del don que se le concedió a la Reina del Cielo de arder su corazón en el Divino Amor incesantemente".

El profeta Mahoma la estimaba tanto que llevaba una en su sortija.

"Con una cornalina montada en anillo de plata jamás recibiréis daño en vuestra bolsa o en vuestra persona, de vuestros enemigos; jamás un juez dictará sentencia en contra vuestra; os harán justicia y os sobrarán honores y conquistaréis la amistad de muchos. Todo maleficio que se intente contra vosotros no obtendrá ningún efecto y nadie por fuerte que sea podrá resistiros en la batalla."[4]

SANGUINARIA o HELIOTROPO. Semejante al ágata rojiza, los lapidarios la llaman Lapis Sanguinaria. Posee muchas virtudes que consignan Alberto Magno y otras autoridades. Es muy bella, y las gotas de sangre que la salpican simbolizan la preciosa sangre de Cristo: por lo que tiene el poder de restañar la sangre de una herida o detener las hemorragias, como la hierba de su nombre, que solían llamar los herbolarios carreguela y nacía en los cementerios. Echaba, dice el Dioscórides, "unos ramillos de muchos nudos, de donde los herbolarios la vinieron a llamar centinodia.

La Sanguinaria le concede a su dueño fortuna y suerte; "lo hace constante, famoso y le apareja luenga vida". Encandila los ojos y el que la usa se vuelve invisible, pero ha de llevar consigo al mismo tiempo una flor de heliotropo.

La sanguinaria fue apreciadísima en España. Con un murciélago grabado en ella se adquiere poder sobre los malos espíritus, se les invoca y conjura fácilmente. Los viejos lapidarios creen que todas las gemas ganan en virtud al ser grabadas. Al igual que la cornalina, trasmite valor y es de provecho en em-

---

[4] "Sigil Charms, History of Gliptic Art, Handbook of Engraved Charms", por el Rev. C. W. King, cita de William Jones en "Finger Ring Lore".

presas peligrosas o en viajes que presenten serios riesgos. Alberto el Magno elogia sus poderes; da larga vida al que la usa. "No se dudará de la palabra de su dueño ni éste tendrá decepciones." Con ella se puede hacer llover sobre el campo árido y por la virtud de la sangre de Cristo que la salpicó, como quiere la leyenda y tiñó también las rosas de rojo,[5] calma las iras, endulza los corazones y hace prevalecer la concordia.

La Edad Media le atribuyó, como a todas las ágatas, la facultad de hacer a su dueño invulnerable a las heridas.

Con estas piedras solares que evocan el fuego y la sangre, se menciona la Hematites —de hemón, en griego sangre—, color rojo oscuro y de un resplandor como el hierro caldeado, con venas sanguíneas. El antiguo mataburros dice: "Traída entre las manos las tiñe como de un color sangriento y también hace el mismo efecto en el licor que se desata."

Fue como el jaspe, un gran amuleto para las parturientas.

Es obvio recomendarlas a los "omó" y devotos de Changó —Santa Bárbara—, de Agayú —San Cristóbal—, de los Ibeyi-Oro —Sas Cosme y San Damián—, de Oyá Yansan —Nuestra Señora de la Candelaria—, orishas que arbolan el rojo. Aunque para todo el que necesita un buen resguardo serán óptimas las Sanguinarias.

AMATISTA. Es la piedra de la serenidad, del

---

[5] Las rosas primitivamente eran todas rojas. El arrepentimiento de María Magdalena las tornó blancas.

buen pensar, de la razón prudente. Aleja los malos pensamientos. A semejanza del zafiro, espiritualiza, infunde devoción y castidad. A esta propiedad se debió quizás, que desde muy temprano fuese escogida por la Iglesia para adornar los anillos episcopales, aunque no es la única gema que usan los obispos. Castas también como las perlas, no deja de parecer paradójico que los antiguos llamasen a las amatistas con reflejos de rosa claro, Piedra de Venus.

Amatista era una ninfa que amaba al joven dios del vino, Baco. Este la desdeñó y prefirió a Diana. Al verse postergada, Amatista se metamorfoseó en esta piedra preciosa que odia el vino, disipa las borracheras y aclara la mente. Símbolo de sobriedad y de sensatez, fortalece el cerebro y le imprime mayor viveza a la inteligencia de su poseedor, al que hace más alerta y sagaz si es hombre de negocios, más honesto y desinteresado si es intelectual. La amatista extingue el deseo de beber en quien tiene el vicio de la bebida; si es persona violenta, frena su impulsividad, reprime el arranque de cólera o de odio desmedida que puede serle funesto.

La madre que tiene hijos en el ejército, la mujer que va a unir su destino al de un soldado, harán bien en regalarles una amatista. Se creyó firmemente y se cree desde hace siglos, que la Amatista protege muy particularmente a los militares y los libra de los peligros que afrontan en la guerra.

Iyalochas y Babalochas advertirán que en La Habana el color del Orisha Ogún, dios de la guerra, es el morado. La amatista ayuda también a los cazadores . . . y su color es el de Ochosi, dios de la caza.

47

¿Coincidencias? se hubiera preguntado Bamboché.
"Decid la propiedad del Amethyste
Si Plinio traducido os lo enseñare..."
Una virtud muy notable y poco conocida es la
de conceder hijos a las mujeres estériles. Lo que demuestra que la amatista no es, como se ha dicho
del ópalo, contraria al amor. La mujer que anhela
tener descendencia sumergirá una amatista en un
vaso lleno de agua y le dirá su deseo. Dejará que
la amatista permanezca siete horas en el líquido al
cabo de las cuales, puesta de hinojos, rezará con
fervor y, terminada su plegaria, beberá el agua sa-
turada de la virtud de la amatista.

El anillo de bodas de la Virgen María y San José
tenía una amatista acompañada de un ónice. Nove-
cientos noventa y seis años después del advenimien-
to de nuestro Señor Jesucristo esta sortija fue
descubierta por un lapidario llamado Clusium y
piadosamente depositada en una iglesia en Italia.
Este anillo nupcial se reprodujo milagrosamente y
varias iglesias poseyeron aquel objeto sagrado y
misericordioso, para salud de los fieles que se curaban gracias a ella.

Esta propiedad prodigiosa de reproducirse una
piedra, una reliquia, un otán orisha, como ha ocurrido en Matanzas y en tantas otras partes de Cuba,
no sorprenderá a ningún olúborisha. (—Si no fuera
así ¿cómo habría tantos pedacitos de la Cruz de
Cristo en el mundo?, se decía Mónica la Santera,
que poseía una astilla.)

Ya veremos más adelante que el ónice, muy temido durante la Edad Media y aún hoy, difiere
grandemente de la bondad y nobleza de la ama-

tista. Es emblema de perfección y simboliza para los Rosa-Cruz, el amor, la verdad, el dolor, la esperanza y el sacrificio de Cristo en la Cruz. Está asociada al Angel Barquiel. Si se sueña con una amatista nada habrá que temer. Haciendo grabar un oso en ella, como se creía en la Edad Media, ponía en fuga a los demonios; aleja las almas en pena y toda la serie de entes infernales que suelen perturbar el espíritu o dañar el cuerpo.

En fin, no hay un solo autor en desacuerdo sobre la influencia benéfica que ejercen estas santas piedras, —que la Iglesia elige de preferencia para hacer rosarios— sobre el espíritu y el cuerpo de sus dueños.

CORAL. Es popularísimo en Cuba y suele usarse acompañado del ámbar y el azabache para proteger a los niños.

De todos los corales el que tiene más "ashé", el más precioso y sagrado es el Rubrum, —el rojo encendido.

Paracelso, que vio la luz un año antes de descubrirse América y fue en su tiempo el más genial investigador de la naturaleza y sus misterios, —alquimista, filósofo y médico— lo estimaba como un amuleto contra maleficios y posesiones demoníacas. (El también tenía un amuleto poderoso y se sabe su nombre, Azoth.) Lo mismo creían griegos y romanos, que el coral anula la acción de la brujería, y también lo creen nuestros Santeros y Paleros. Iyón, el coral, es un poderoso resguardo, particularmente contra el mal de ojo, que ellos llamaban oyú-bayé u oyú-buruburu, sinónimo lucumí del fascina tio, que empleaban los latinos para designar la acción nefasta del aojador, (o del que tiene "ñeke" y hay que evitar: ñeke, usual en Cuba para jettatoria o jettatura.) Era piedra de Oba, de reyes, y Bamboché afirmaba que todos los africanos la veneraban.

Es comprensible que el coral anonade al ojo malo si recordamos la historia de Perseo y la Gorgeia y aceptamos esta versión de su origen: el oráculo le vaticinó al rey de Argos, Acrisias, que el hijo de su hija Danae lo mataría, y Acrisias encerró a Danae en la habitación de una torre. Allí la vio Zeus y en forma de lluvia de oro penetró en la habitación y dejó a Danae embarazada. Acrisias descubrió lo ocurrido al nacer Perseo, más negose a creer la paternidad de Zeus en la historia peregrina de la lluvia de oro, y metió a la madre y al hijo en un cofre y los arrojó al mar. El cofre navegando fue a parar a la isla Serifus, donde lo encontró Dictis, hermano del rey Polidectes, que lo abrió y al hallar dentro a los prisioneros les ofreció su protección. Cuando el rey Polidectes vio a Danae se enamoró de ella, pero se guardó muy bien de cortejarla porque Perseo era un hombrón que inspiraba temor. Pensando deshacerse de él lo envió a buscar la cabeza de la Gorgona. Ardua empresa, pues su vista mataba . . . Pero Atenea y Hermes aconsejaron a Perseo: la primera le dio un espejo (o le prestó su casco) y Hermes, una hoz adamantina, sus zapatos alados y el Kibisis, (una alforja). De las ninfas obtuvo la capa de oscuridad del Hades, y con este atuendo tronchó la cabeza de Medusa, que era la única mortal de los Gorgonas. Rápido metió la cabeza en la alforja y huyó con sus zapatos ala-

50

dos, envuelto en la capa del Hades, que impidió que lo viesen las otras Gorgonas. De regreso a Serifus, pasando por Etiopía, Perseo vio a Adrómeda encadenada en una roca para ser sacrificada a un monstruo marino. Mató al monstruo con la cabeza de la Gorgona y se casó con Andrómeda. Por último halló a su madre cercada por Polydectes, y lo petrificó con la cabeza, que luego regaló a Atenea para que la pusiese en su escudo . . . y al fin se cumplió fatalmente el oráculo, pues Perseo, como sabemos, mató a su padre.

De la cabeza de Medusa que Perseo depositó sobre unas ramas en la costa, manaban abundantes, gruesas gotas de sangre. Cuando éstas se endurecieron, las ninfas marinas las plantaron en el fondo del mar y nacieron los corales. Los griegos lo llamaron Gorgeia y se protegían de la brujería, de las epidemias, de las tempestades y de los ladrones con esas gotas solidificadas de sangre de Gorgona, cuyos ojos mataban y contra las que nada podía la mirada más perversa.

Ya hemos señalado el temor que el mal de ojo inspira en general a nuestro pueblo, pues allí y en todas partes, no se duda que ojos hay, y así lo dice el diccionario de autoridades, "de tan mala complexión que matan un caballo y secan un árbol con mirarle". ¡Y también a un hombre, podemos añadir!

Para impedir que unos malos ojos afecten a un párvulo, ya que por su fragilidad son los niños los más expuestos, y porque es sabido que ocurre con bastante frecuencia que una persona ignore que su mirada es dañina cuando la fija con ahinco en una persona o cosa de su agrado, hemos observa-

do a lo largo de toda la Isla de Cuba que de
rareza una madre descuida prenderle en el traje o
colgarle del cuello o de la muñeca a su niño, una
perla de coral.

Engarzado en una cadenilla de oro en el cuello o
en la muñeca, el coral no es un adorno sino un
detenedor de esa maléfica potencia que reside en
ciertos ojos. Hay otros muchos medios para des-
viarlos y que a través del tiempo encontramos en
todas partes, desde los hilos de colores vistosos de
la sátira de Pérsius, el pañolito rojo "que rompe
ojo", hasta la espina de ceibón y los colmillos de
perro que mágicamente los perforan; pero niguno
con las virtudes de esa misteriosa planta caliza que
"crece en el fondo del mar y brota de las rocas
cubiertas de estrellas que bajan al fondo" y que es
el precioso coral que viene de las costas del Me-
diterráneo, del Japón y de otras partes de Oriente.

Esta creencia no la encontramos sólo en gentes
ignaras o primarias; a todos, de seguro nos ha sido
fácil observarla en mujeres inteligentes y aún cul-
tivadas. Niños con adornos de coral, ya en la forma
clásica de un ají, procedente de Italia, o preferen-
temente en las manitas contra el mal de ojo, los
hemos visto en todas las clases sociales. Y como
si fuese poco el poder de conjurar el mal de ojos,
son otros muchos los poderes que desde hace miles
de años se le reconocen al coral. Preserva de fuegos,
rayos y truenos. (Paracelso). "Tiene virtud contra
los truenos e relámpagos e contra piedra e contra
toda tempestad", —¿No es rojo, dirá un Oluwo,
el ileke de Changó "el tirador de piedras" dueño
del trueno, y el de Oyá, dueña de la centella y

de las tolvaneras?— "contra toda tempestad", es decir, que nos protege también en las del mar. La presencia de un coral atado al palo mayor de las embarcaciones auyentaba los vientos peligrosos y los rayos. Se nos ha dicho y cae de su peso, que en el coral actúa el gran poder de Olokun. A "haber nacido entre los trabajos, que tales son las aguas, combatido por las olas y tempestades porque en ellas se hace más robusta su hermosura, la cual endurecida después por el viento, queda a prueba de los elementos", debe el coral su fuerza y sagradas virtudes. Actúa contra la melancolía, el miedo y la esterilidad.

Para limpiar de malas influencias la vivienda, repeler "malas sombras", cuélguese uno de la pared. Pacifica aquellos hogares en que se discute o en los que se ha roto la armonía. Es ornamento preferido de Ochún en su aspecto galante y rumboso. En el Extremo Oriente, en China, en India, es adorno de los dioses. Muy útil en tiempo de epidemia pues preserva de contagios. Los niños deberán llevarlos desde recién nacidos hasta después de la segunda dentición y si son enfermizos, si dan muestras de desequilibrio nervioso, durante toda la infancia hasta la pubertad.

El coral presenta la misma particularidad que se observa en las turquesas y en otras piedras: palidecen visiblemente en las personas que se hallan enfermas; cuando éstas sanan recobran su color y si mueren, reviven al pasar a otras manos.

En la actualidad un recorrido por las numerosas joyerías de cubanos, en muchas calles comerciales de la ciudad de Miami, nos demostrará que nuestro pueblo no olvida en el destierro la bondad del coral, que durante siglos defendió en la Isla a sus pequeños de los terribles malos ojos. ¡Ah! pero cuando el coral se rompe pierde todo su "ashé"... Soñar con corales presagia convalecencia. Le pertenece a Venus y a la Luna, según el Lapidario de Alfonso X.

Las gemas son emblema también de las naciones del mundo, y de estos retengo los de tres países que podríamos llamar la Santísima Trinidad. La perla, —así lo vio el maestro Azorín— simbolizó a la "dulce Francia", que si inevitablemente ya no puede ser tan dulce, no ha dejado de ser bella; la esmeralda a España, y el coral a Italia.

AMBAR. Suele acompañar al coral cuando se usa en los niños. Ya desde antes de Hipócrates se creía que una de las virtudes que concurren en esta resina fósil que se trabaja en joyería y va del amarillo muy claro al naranja oscuro, es la de inmunizar contra gérmenes de enfermedades contagiosas. Así los poderes del ámbar caen dentro de la magia curativa. Ochún, que en uno de sus "caminos" o avatares es curandera como su hermana Yemayá, remedia los males de garganta y las anginas de los niños ordenando que lleven en el cuello cinco cuentas de ámbar.

Plinio nos dice que el ámbar es la orina solidificada del ciervo. Los romanos tuvieron en gran esimación esta preciosa substancia que no es un mineral ni es orina solidificada de lince, ni proviene de los rayos del sol poniente que el mar congela y arrojan las olas a la ribera . . . Es lágrima de chopo, de álamo. La historia del origen del ámbar se encuentra en la leyenda de Faetón: éste, al oír de labios de su madre que era hijo de Helios, el Sol, lleno de orgullo fue a contarlo a un amigo que no lo creyó y se burló de su pretención. Para convencerlo Faetón emprendió un largo viaje en dirección a Oriente, donde su madre le indicó que vivía Helios. Halló a su padre que lo acogió amorosamente, y con la alegría que le produjo verlo, sin medir las consecuencias, le ofreció darle lo que quisiera. Faetón le pidió, nada menos, que conducir su carro por la explanada infinita del cielo. Se acercaba el amanecer y Helios no tuvo tiempo de enseñar a su hijo, que se ciñó su coraza, subió al carro y empuñó las riendas. Sus manos inexpertas no sabían guiar los fogosos caballos de su padre que se desbocaron, arrasaron estrellas y luego descendiendo vertiginosamente, se acercaron tanto a la tierra que le prendieron fuego. Cuando la tierra comenzó a arder, Zeus (Júpiter) intervino y le lanzó un rayo a Faetón que cayó fulminado en el río Eridanus. Sus hermanas las Heliades lloraron desconsoladas su muerte y fueron metamorfoseadas en álamos que crecieron junto al río Eridanus (el río Po que atraviesa a Florencia). Sus lágrimas se convirtieron en ámbar.

AZABACHE. Electrum nigrum. Gagates: El vulgar azabache muy abundante en Asturias, sirvió antiguamente en España para labrar en ellos la imagen de su patrón Santiago, y para hacer rosarios, aretes, collares e higas que cruzaban el Atlántico.

Higa, la palabra no es corriente en Cuba, (se hace la higa sin que el gesto grosero y obceso reciba ese nombre) son las que nuestro pueblo utiliza desde los comienzos de su historia y hoy llama "manitas contra el mal de ojo", el puño cerrado mostrando el pulgar entre el dedo índice y el del medio. Era amuleto de los paganos que creían que con ese gesto plasmado en un azabache, en un coral o en un cristal de roca, se anonadaba el mal que voluntariamente es capaz de causar el ojo henchido de envidia y el de una persona perversa, bruja de nativitate o por oficio, (o . . . por herencia. El ojo malo, como la "sangre gorda" es a veces hereditario.)

Tanto nuestros antepasados españoles como los negros que se importaba a Cuba, y en toda Europa, —no eran los españoles la excepción— creyeron firmemente en este azote. "Se teme tanto al ojo o fascino en España", escribe Quevedo, "que las mujeres, en alabándoles un hijo, piden cuidadosamente que los bendigan y hasta en los caballos los señores tienen por peligroso el no decirlo".

De esta doble herencia no se han librado todavía sus descendientes, aunque algunas creencias españolas han desaparecido de la Isla, como la del Basilisco[6] que cegaba, que no dejó huella en la

---

[6] Era una mezcla de serpiente y de ave que marchaba muy erguida. Tenía alas y una cabeza de hombre con cresta. Nacía de un huevo de gallo incubado por un sapo o una serpiente. Su mirada mataba, su aliento venenoso era mortal para las plantas y los animales, incluso se mataba a sí mismo si se miraba en un espejo. Por suerte para el hombre, si éste lo veía antes que el horrible monstruo reparase en él, el basilisco perdía la vida

memoria popular, sobre todo en La Habana, nada más que en expresiones como ésta: "estaba hecho un basilisco", "se puso bravo como un basilisco".

Había en España mucho antes de descubrir Colón el Nuevo Mundo (ocurrencia lamentable), y mucho después también, aojadores tan fuertes que paralizaban el corazón de aquellos a quienes miraban fijamente. Se sabe de uno que rompía las ventanas de las casas en que fijaba sus pupilas, y se lee en una historia recogida por Plancy, que enterado el rey del poder de aquel hechicero lo hizo llevar a su presencia, reunió a todos los delincuentes que estaban condenados a la pena capital y le ordenó que los mirase. No recordamos o no menciona Plancy el nombre de un rey tan inteligente. El aojador, clavando la vista en cada culpable, uno a uno, los mató a todos.

Pero no tienen nada que envidiar nuestros "ñekes" criollos del pasado y del presente, blancos y de piel de azabache o de canela, a aojadores como aquel, ni a los que solían tener dos pupilas en un solo ojo o algunos de aquellos famosos "jettatores" italianos que de una sola mirada despachaban a un prójimo para el cielo o el infierno. Con los relatos que pude recoger en Cuba habría para componer un volumen que disiparía las dudas de quienes se niegan a aceptar que de cuanto vive y existe, de los seres humanos, de los animales, de las plantas, en fin, de las piedras preciosas, emanan fuerzas buenas o malas, —y a veces tan malas como las de ciertos ojos que matan como los de la Medusa. (Conocimos personalmente a un nieto de macuá del que se decía, y él lo admitía con cierto orgullo, que sus ojos mataban cuando quería las gallinas de sus enemigos y reventaba chivas y caballos.)

Volviendo a las higas, muchos viejos autores españoles consideraban indigno de buenos cristianos que se pusiesen dijes a los niños para preservarlos de un maleficio de ojos: "si supiesen su principio se dejara totalmente por cosa de idólotra". Se creía que llevando puesta la manita de azabache o de coral o haciendo el ademán despreciativo de la higa se ahuyentaba un hechizo posible al ser alabada alguna cosa. Es sabido que con un elogio se hace mal de ojo, lo que explica el temor manifiesto de nuestros guajiros cuando les celebraban un hijo, un animal o una siembra. "De aquí ha quedado el abuso", escribe una autoridad académica del siglo XVIII, "de hacer la higa cuando queremos despreciar alguna cosa o cuando por lisonja queremos alabar su hermosura". Este gesto insultante, que Santa Teresa no dudaba en hacerle a todos los demonios, "que la temen", había perdido en el pueblo cubano el valor defensivo que tuvo en un tiempo, y el que le dan en cambio los cubanos que se educaron y se educan hoy en Norte América, por influencia yanki, a montar el dedo del medio sobre el índice —"cross your fingers"— para no embarazar la suerte y que se realice lo que sueñan.

También contra el mal de ojo u otra posible calamidad hemos visto "hacer los cuernos". Se cierran todos los dedos de la mano menos el índice y el meñique y se apunta con ellos. Un astrólogo o un quiromántico nos explicaría que la eficacia de este gesto se atribuye a que Júpiter, astro benéfico aunque mandarín, influye en el índice, y en el meñique, Mercurio, hábil y astuto. (Mercurio dota de vivacidad mental y de agilidad física a los que nacen bajo su influencia.) La energía de estos dos astros se oponen y dominan la acción nociva de la mirada, de la intención funesta de un "ñeke" (u ochó).

El azabache tiene otra virtud muy apreciable: la da atraer a sí y librarnos de una corriente dañina de aire, en cuyo caso se quiebra. Hemos presenciado ese fenómeno. Acababa de comprar a un anticuario una linda mano de azabache de unas dos pulgadas de largo, una antigua higa con las uñas de oro y un casquillo del mismo metal que remataba el antebrazo bien torneado, preciosamente cincelado y en cuyo centro se había fijado una argolla para colgarla. Se la mostraba a una tía mía cuando espontáneamente la mano se partió por la muñeca. Mi tía me contó que cuando ella era niña eran muy buscados los azabaches porque preservaban de las corrientes de aire, (cosa que acababa de ocurrir con el mío) que se tenían por peligrosas; específicamente, de "un aire colado", como se decía entonces.

Plinio y San Epifanio dicen que el azabache (gagate), calentado al fuego "espanta a las serpientes". En la Edad Media expulsaba a los demonios, y en fumigación, como aconsejaba Marbodio, se empleaba para echarlos de las casas que estos infectaban.

Si se padece de pesadillas, como no siempre tienen una causa física, e intervienen en ellas espíritus y fuerzas oscuras, el azabache las combate.

Nuestras abuelas lo usaban durante los períodos de duelo. Conocidas las virtudes del coral, del ámbar y del azabache, no nos sorprendía verlos unidos con tanta frecuencia en la pulsera o en la cadena de un párvulo. Los niños mayores llevaban muchas veces las tres pequeñas cuentas colgadas de un imperdible prendido en la ropa interior.

ONICE. Hay quien confunde el ónice —onyche, se escribía antaño—, que es un ágata, con el azabache que era para Dioscórides una especie de alabastro. Procedían de la India los más finos, y de Arabia. Plinio dice que calentando un ónice al fuego huían las serpientes. Cupido le cortaba las uñas a Venus y un día el pequeño dios las arrojó al río y se transformaron en ónices.

Esta piedra, que estuvo de moda a mediados del siglo pasado y aún en la segunda década del presente, inspiraba pavor en la Edad Media —no obstante haber creído los antiguos que era un antídoto contra el terror—, porque de noche hacía ver fantasmas y visiones infernales y quienes la usaban se exponían a ser presa de los demonios. Sin la precaución de acompañarla de una benéfica cornalina oriental que le restaba poder, las mujeres corrían el riesgo de ser víctimas de un íncubo, y no forzosamente en el misterio de la noche. Incubo, explican los demonólogos, es un diablo que asumiendo aspecto humano, "forma de varón", tiene comercio carnal con una mujer. Era una experiencia tan desagradable, sobre todo para las vírgenes, que los médicos no titubearon antaño en darle el nombre de íncubo a los sueños atormentados, esas pesadillas que oprimen el corazón y arrancan gritos de terror al que las padece. Las causaba el ónice porque en su interior había un diablo cautivo que al despertar de pronto y agitarse dentro de éste, producía en el durmiente la consiguiente conmoción. (El diablo del ónice tenía la mala costumbre de despertar a altas horas de la noche.) Para colmo de desgracia no actuaban el agua bendita ni la señal de la cruz en los diablos íncubos que atraía el ónice, los cuales tomaban con frecuencia la apariencia de los novios o maridos de las mujeres que deseaban y no pocas veces las dejaban embarazadas y parían monstruos asquerosos que revelaban su origen.

(Más eficaz que los exorcismos era el aliento fétido de muchos sacerdotes, lo que hacía huir a los diablos.)

¿Ignoraron las damas cubanas tan aficionadas a lucirlos como algunas que hicieron admirar su belleza y su elegancia en el París cosmopolita de Napoleón III y que tanto temían a los ópalos, la índole satánica que se atribuía a esta piedra cuya negrura realzaba una piel que tenía casi siempre el color y la suavidad de las camelias? Nunca por aquellos años, faltaba el ónice en los joyeros a juzgar por los inventarios de testamentos que hemos curioseado y los que aún, en prendedores y collares conservaban algunas viejas familias. Otro de los prejuicios —pues se ha dicho que combate la melancolía— que se abrigaban contra el ónice era el de creer que entristecía a quienes lo usaban. Quizás por este motivo fueron muy apropiados para los lutos, largos y rigurosos de aquella época.

61

Al contrario de otras piedras, indisponía o enemistaba, y como la pimienta de Guinea cuando intencionalmente se riega por el suelo mezclada con otros polvos, era la causa oculta, insospechable, de repentinas y serias diferencias entre amigos y familiares, de rompimiento entre amantes y enamorados.

También los chinos creían que un diablo habitaba en el ónice e incitaba a pelear, encendía la discordia y era autor de todo género de calamidades. En la India sus efectos se consideraban anafrodisíacos. Calmaba los ardores amorosos desmedidos.

En algunos lapidarios aparece como símbolo de amor conyugal. En este caso le pertenece a Acuario, y a Leo cuando indispone o separa a los amantes.

Pero no parece que el ónice hubiera influído nunca en forma agresiva en esas señoras apacibles y afortunadas de nuestro siglo de oro a que nos hemos referido; ni recordamos que produjese esos efectos cuando en años más recientes nadie se acordaba de su carácter desfavorable y joyeros franceses como Marzo, los llevaron a La Habana. Es posible que ya entonces los diablos los hubiesen desertado, ¡tanto han variado las técnicas de Satanás! Insisten antiguos tratadistas, y lo repetimos para conocimiento de personas prudentes y cautelosas, que no debe llevarse puesto un ónice sin contrarrestar su mala influencia con un ágata, es decir, una sardónica o una cornalina.

OPALO. De esta piedra bellísima dijo San Isidoro "que tiene en sí de todas las otras piedras más ricas: porque se ve en ellas el fuego del Rubí, lo purpúreo del Amethyste, lo verde de la esmeralda y generalmente todos los colores del Iris'.

Y Plinio: que su fuego es más suave que el carbunclo,[7] que tiene el violeta brillante de la amatista, el verde mar de la esmeralda, todas fulgurando en unión increíble.

Los antiguos estimaron altamente este cuarzo de tonos infinitamente delicados y de misteriosas luces interiores, tanto por su belleza imposible de imitar como por sus poderes. Sin embargo hoy difícilmente encontraríamos una persona que no le tema a esta piedra realmente incomparable.

Se cree en Inglaterra que la repulsión por el ópalo se debe a Sir Walter Scott con su Anne de Geierstein, o bien a la guerra de Crimea. Bastó que aparecieran en el campo de batalla algunos cadáveres con sortijas de ópalo para que se le achacara sus muertes. Como en la guerra del catorce tuvo su origen el terror a encender tres personas un cigarrillo con la misma llama, pues la última que lo prende corre el riesgo de morir. ¡Ni la Reina

---

[7] Carbunclo: "Piedra preciosa parecida al rubí que según creen algunos, aunque sea en las tinieblas luce como carbón hecho brasa. Otros fingieron se criaba en la cabeza de un animal que tiene un capote con que se cubre cuando siente que lo van a cazar. Los más doctos acomodan este nombre a otras piedras transparentes como el de Antraces, Carbones, Pyropos, y dicen no haver tal carbunclo, si bien otros muchos con Quiñones, en el Tratado del Carbunclo, fol. 10, sienten sea el Rubí. Viene del latino Carbunculus que significa lo mismo." (Dic. A. 1721.) Dentro de la tradición cristiana, esta piedra simbolizaba el sacrificio de Cristo y en la astrología española, al Sol.

Victoria —"Mother", la llamaba su pueblo con razón— que le encantaban los ópalos y los regalaba a sus amistades, pudo vencer la prevención de sus súbditos por estas piedras que antes "inspiraban amor"!

Kunz, el leído autor de "The Curious Lore of Precious Stones", opina que el temor a los ópalos puede relacionarse con el mal de ojo, aunque los antiguos le atribuían poder sobre éste, y en la Edad Media el Gran Alberto, maestro de Santo Tomás de Aquino, lo llama Oftalmus —oftalmus lapis.

Refiriéndose a la parte de culpa que pueda tocarle a Sir Walter Scott en esta unánime condenación de una gema tan bella que antes inspiraba amor y no miedo, dice Kunz: "la maravillosa historia de Lady Hermione, una especie de princesa encantada que no se sabe de dónde vino y que llevaba siempre en el cabello un deslumbrante ópalo, no contiene nada que pueda indicar que Scott deseaba realmente presentar el ópalo como una piedra preciosa de mala suerte. La gema de Lady Hermione estaba hechizada, era como su dueña un producto de encantamiento y sus peculiaridades dependían por entero de su carácter misterioso. La vida de la piedra estaba ligada a la vida de Hermione: brillaba cuando ella estaba alegre, lanzaba rojos fulgores cuando enojada, y si se la rociaba con unas gotas de agua bendita, su resplandor se apagaba. Hermione se desmayó, la llevaron cargada a su habitación y al día siguiente sólo un montón de cenizas quedaba en el lecho en que la habían acostado. Se había quebrado el hechizo".

A la Cuba colonial de hará un siglo, cuando Walter Scott seguía entusiasmando a Europa, no tardaron en llegar del viejo continente historias inquietantes sobre los ópalos. Los aderezos de Arlequines y Girasoles de las cubanas de la aristocracia contemporáneas de la Reina Isabel y de Eugenia de Montijo, que vivieron el París deslumbrante de antes de la "Debácle" y el de la Belle Epoque, también desaparecieron como por encanto, como ocurrió en España.

Al ser liberada la Isla de Cuba por la bondad de Uncle Sam, la flamante república estimó no solamente que no debía enseñarse en ella historia de España, sino que era saludable al progreso y a la cultura del país que nos sintiésemos avergonzados de descender de españoles. ¡Nuestra historia comenzaba en 1895! (Hoy cabe preguntarse si esa actitud de bastardía dio a la larga buenos resultados.) De manera que es casi seguro que sean pocos los que sepan o recuerden que la Reina Mercedes, la adorada e infortunada primera mujer de Alfonso XII fue la víctima de un ópalo.

Lo curioso es que la historia me la haya contado hace emucho tiempo una negra vieja que, como tantas y tantas de su raza, no odiaba a España y que jamás pudo darle al Hospital Mercedes otro nombre que el que recibió cuando fue fundado: Reina Mercedes. No era ella sola, mucha gente del pueblo lo siguió llamando así.

Por suerte para aquellos que padecen de cierto achaque de poesía, que los lleva a urgar en las cosas del pasado, hay siempre en el pueblo quien las guarda, alguien que no deja apagar la lumbre de los viejos recuerdos. Y aún cuando al pueblo se le dice que hay que destruir el pasado, y en esto hemos sido pioneros los cubanos, nuestro pueblo sano —no la clase media sin clase, ni una nueva sediciente clase alta— era conservador, sobre todo los negros, que a la par que conservaban sus tradiciones, sus costumbres, su propio folklore nos preservaban las que eran españolas . . . y nuestras, pues gústenos o no nos guste, —y por mi parte diré que a mucha honra— de españoles descendemos. Esencialmente, todavía españolas son nuestras cualidades —cuando las tenemos— y bien españoles nuestros defectos, el de la envidia específicamente; nuestro idioma, nuestra cultura, nuestro humano concepto de la vida, nuestro modo de sentir y lo que más honor nos hacía, la organización ejemplar de la familia, que también fatalmente socavará el destirro. Mucho del folklore que nuestros antepasados españoles llevaron a Cuba había que ir a provincias a recogerlo de labios de algunas viejas y viejos memoriosos y buenos conversadores y, como observé tantas veces, a las casas de los negros que se decían con orgullo, "del tiempo de España". Lo que los blancos dejábamos perder, los negros nos lo preservaban. Lo español aparecía confundido en el vasto tejido de su folklore ancestral, y junto a temas africanos se tropezaba con otros de un añejo e impresionante sabor castellano. Los negros no olvidaban nada; muchas palabras insólitas que brotaban de su habla pintoresca obligaban a menudo a buscarlas en el viejo diccionario, para descubrir, no sin emoción, que eran voces antiguas, voces muertas. ¡Y cuántas historia nuestra que de mano de la poesía de una leyenda, era historia verdadera!

La negra decía, y era cierto, que la Reina Mercedes fue buena como un ángel, y los buenos nacen para morir pronto o para sufrir toda la vida. Prima hermana de Alfonso XII, su padre, francés (el Duque de Montpensier) había conspirado contra Isabel II y ésta, con razón, no veía con buenos ojos a su cuñado. Obligados a abandonar a España cuando la revolución de 1868, Alfonso se enamoró de su prima en el exilio, y al restaurarse la monarquía y ser proclamado rey, sin importarle "la razón de estado", se casó con Mercedes. Este matrimonio de amor, además del encanto personal del joven rey que era buen mozo, inteligente, liberal, sencillo y castizo como su madre, entusiasmó al pueblo. A pesar de la sangre francesa que corría por sus venas por la línea paterna, pues era biznieta del Duque de Orleans "Philippe Egalité" —que votó a favor de la muerte de Luis XVI y fue el primer gran idiota útil del mundo— la princesa Mercedes no tenía los ojos azules ni los cabellos pálidos del ideal de belleza femenina de un romántico como Bécquer. Era un tipo delicado y distinguido de sevillana, como las virgencitas de Zurbarán, de ojos y pelo muy negros, que con su dulzura y su gracia andaluza se hacía adorar, "robaba los corazones". ¡Enhoramala Don Alfonso le regaló un ópalo bellísimo que poseía la Casa Real! Casaron en enero de 1878, ella tenía diecisiete años y él veinte, y se supo en La Habana que jamás bodas reales fueron tan alegres, como se supo meses después, cuando llegó el Vapor Correo, que jamás hubo un día más triste en toda España que el nefasto veintiseis de julio de aquel mismo año, en que la Reina cumplía sus dieciocho años y expiraba dejando desolado a Alfonso XII. ¡Aquel maldito ópalo la mató! Varias generaciones de niños cubanos, blancos, negros y mulatos han cantando el romance de ese triste idilio . . .

> *¿Dónde vas Alfonso Doce*
> *dónde vas triste de ti?*

Romántico como sus primeros amores fue el fin prematuro de Alfonso XII (1885) y la enfermedad que en plena juventud lo llevó a la tumba, la tuberculosis. Sólo sobrevivió siete años a Mercedes de Orleans. Aquel ópalo le había costado la vida al Rey, a las dos princesas Montpensier, pues de las manos de la Reina pasó a las de su hermana, y de creer la versión de la negra criolla, "la Reina María Cristina la misma noche del día en que murió el Rey, lo echó al mar . . . " (¿Al Manzanares?), aunque hemos oído que fue donado, para evitar futuras desgracias, a la Virgen de la Almudena.

Otro poder del misterioso ópalo, inapreciable para los ladrones, aunque no tan necesario hoy día, es el de hacer invisible a su dueño. Lo indicado para los que abrazan esa profesión —que en opinión de algunos jueces no es infamante ni merece los rigores de la justicia—, es llevarlo en un anillo.[8]

Sin embargo, el mismo prodigio se obtenía con

un talismán que mediante la combinnción de un zafiro, una piedra imán y un diamante, atraía a espíritus estelares muy poderosos.

Babaloshas y Nganguleros pueden decir con conocimiento de causa que también el mismo "ashé" o virtud para robar los "Ole" (ladrones) sin ser vistos lo tienen algunas hierbas, semillas, palos y oraciones como la del Justo Juez.

TOPACIO. El topacio, que ofrece toda la gama del amarillo y del rosa claro al rojo —los hay también azules y blancos tan límpidos como las "gotas de agua del Brasil"— expresa un elevado concepto de probidad y rectitud. Está catalogado entre las gemas —que "matan brujo", como dirían nuestros Ngangas—, que imposibilitan la acción de cualquier hechizo.

En días de luna llena los topacios están en todo su poder, pues su "aché" aumenta y disminuye con la luna.

Las personas de genio violento deben usarlo. El topacio calma su ira, la mayor parte de las veces injustificada y siempre perjudicial, suprimiendo la causa de hemiplegias y "golpes de sangre" a que están expuestos estos temperamentos arrebatados. Por otra parte, el topacio modifica o cura la co-

---

8 Platón cuenta la historia del rey Giges de Lidia, que poseía un anillo talismán que lo hacía invisible. Cuando le convenía que no lo viesen volvía el anillo hacia sí. Del mismo modo proceden todos los que poseen estos anillos. En algún cuento, al voltearlo para hacerse invisibles, dicen: "¡Chacolí!", y "¡Chacolá!" cuando ya no necesitan ocultarse.

bardía y libra de terrores nocturnos a los que los padecen. Los hipocondríacos, que ven la vida en negro, la verán color de rosa si llevan uno en la mano izquierda. En la derecha estimula el sentido del humor y mantiene viva la alegría.

Creen los hindúes que conocen a fondo las virtudes de las gemas, que procura larga vida, inteligencia y belleza. Según la fraternidad Hermética, el dueño de toda piedra preciosa amarilla, deberá lucirla los domingo, día del sol. El topacio simboliza amistad, fidelidad, pureza e íntegro proceder.

No hay desacuerdo en los tratadistas que dicen, al hablar del topacio, que hace sentir su acción manteniendo constantes sentimientos de amor y de amistad que unen estrechamente a las familias y a los amigos.

LAPISLAZULI. Dice Covarrubias que el nombre viene de lazur, azul en árabe.

Ha sido, desde los tiempos históricos más remotos, un amuleto excelente. Tiene la misma propiedad que las turquesas: si nos caemos no nos haremos ningún daño. No sentirán miedo los niños a quienes se les ponga esta gema que tenía, para los antiguos, el mismo valor sagrado que la cornalina.

El firmamento rebosante de estrellas le infunde una fuerza cósmica. Su color azul marino beneficiará singularmente a los devotos, hijos y sacerdotes de Olokun-Yemayá. En efecto su color es exacto al de las cuentas de vidrio de Olokun cuyo uso generalizó el travieso Orisha Eshu en tierras Lucumís.

AGUAMARINA. Este Beril, excelente para predecir el futuro, hizo furor en Cuba hace algunos años. Se encontraba en todas las joyerías de La Habana, montada en sortijones de oro o de platino. Quien posea mediunidad verá formarse en sus aguas imágenes del pasado y del porvenir. La facultad de psicometrizar que tienen algunas personas sin sospecharlo, la descubrirán o podrán desarrollarla fijando la vista todos los días en la superficie de esta piedra durante un rato, como se aconseja hacer para adquirir videncia a los speculari (los que miran en espejos o cristales). Permanecerán no más de cinco minutos con la mirada clavada en la gema, pero sin fijar la atención, con la mente absolutamente en blanco, que es lo más difícil. Si los ojos se llenan de lágrimas, interrúmpase inmediatamente el ejercicio, pues es señal de que se ha insistido más de lo prudente. Y no hay que impacientarse, cuando menos se espera comenzará a definirse algo en la especie de niebla que enturbiará la superficie del agua marina y que es un vago indicio de videncia.

Desde luego, hay individuos que no tienen necesidad de desarrollar su mediunidad, como en el caso de una conocida pintora cubana, fraternal amiga mía que murió el pasado año en Cuba y que poseía esta facultad. Nos hallábamos en París y en aquellos días habíamos oído hablar mucho a unos amigos. rusos blancos que frecuentábamos, (¡cuánto los recuerdo hoy!) de fenómenos de hipersensibilidad psicológica, de telepatía, premonición, de mediums que leían verdaderamente el pasado y el presente en el agua, en el té, en una plancha de metal bruñido o en una piedra preciosa. Le pedí a mi amiga que fijase la vista en los rubíes y zafiros blancos de una cruz de Santiago que me acompaña desde la adolescencia, y ella, sin alzar los ojos de la cruz, me describió el fusilamiento del Emperador Maximiliano de México, aunque ignorante de que esa joya le había pertenecido a éste. Aquella experiencia me llenó de asombro. Nunca le había hablado de la procedencia de la cruz que conservaba una monja del Convento de Santa Clara de La Habana, de ascendencia mejicana, hasta que pasó a mis manos. Las escenas que vio, me explicó la artista, pasaban sobre la joya como una película cinematográfica, pero ampliadas y se salían del espacio limitado de las piedra, como si las imágenes se desarrollasen interiormente y se viesen más definidas con los ojos cerrados.

La segunda experiencia fue aún más impresionante. Esta vez vio en una esmeralda que yo llevaba siempre puesta, practicar una operación quirúrgica a un amigo íntimo de mi casa. Nueve médicos lo rodeaban. Días después, una carta de mi madre desde La Habana me notificaba que X había sido operado de urgencia y confirmaba la presencia de los nueve médicos. Fueron igualmente interesantes otras lecturas que hizo, pero contrariada porque empezaba a conocerse su clarividencia, aunque sólo en un grupo de íntimos, se negó rotundamente a mirar más en las piedras.

Se dice que el aguamarina ayuda a ganar un pleito difícil, que reanima el amor en los matrimonios y descubre a los ladrones.

PIEDRA LUNA. De Obatalá y Yewá.

A juzgar por lo que se ha escrito sobre esta piedra sagrada para los hindúes y sagrada en concepto del "elocuentísimo rey de Oradores", Obispo de Reims, Marbodio, autor del Liber Gemnis que vio la luz en Francia en el siglo XI, toda persona olvidadiza debe tener una a mano para introducirla en la boca cuando necesita ejercitar su memoria. Recomendable a los estudiantes en vísperas de exámenes como más eficaz que las sopas de pescado, ricas en fósforos, a que recurría a fin de curso uno de nuestros poetas que estudiaba . . . leyes.

En Grecia y Roma, era la piedra de Artemis y Diana y daba salud a su poseedor. Se dice que cuando la luna se halla en creciente esta gema favorece el amor, y cuando ésta se consume y muere, confiere el don de la profecía. La influencia de la luna sobre la vida, su dominio de la muerte, explica el poder que se le atribuye a esta piedra de esencia lunar, con la que correrán menos peligro algunos temerarios apasionados por el misterio, que pretenden explorar el nocturno país de los muertos del que sólo regresa la luna.

Para hacer un amarre (idi) amoroso, un "iché", un trabajo para inspirar amor, la Iyalosha utilizará en luna llena, un dije, una pulsera o más bien un anillo que tenga una piedra de luna. En menguante, la misma piedra servirá para inspirar olvido en vez de inspirar amor.

TURMALINA. De rara venta en Cuba. Las hay rojas —rubeolitas— y azules —idiolitas—, verdes muy oscuras, blancas y casi negras. Las virtudes de esta piedra son magnéticas. Soñar con turmalina presagia accidente.

OJO DE TIGRE o de GATO. Es gema prodigiosa, y según un informante negro, "propia del Babalao", como el ópalo, el topacio y la turquesa.

ACERINA. Fue muy buscada en la década de los treinta en los medios espiritistas de la Habana. La famosa Chacha, que tuvo por consultantes a muchos políticos y hombres de negocios, me hizo el elogio de la espiritualidad de esta piedra que usaba continuamente, pues favorecía las comunicaciones con las almas de los muertos. Chacha fue una gran medium, y en el orden personal, de una sinceridad y desinterés poco comunes.

CRISTAL DE ROCA. LA BOLA DE CRISTAL. Lo mencionamos al hablar del diamante y atribuirlo por su pureza a Obatalá. Los lucumís le llamaron al cristal okután mimó, mimó significa limpio, sagrado. Ninguna otra materia le es comparable para predecir el porvenir, para establecer comunicación con los espíritus; con los más elevados y luminosos. Pero no tenemos noticias de que en Cuba, por lo menos en la Habana, ningún adivino, favorecido por rica clientela, mirase en la bola .de cristal. Personas mucho mayores que yo tampoco lo recuerdan, ni hay referencias que la utilizaran en los días coloniales, extranjeros que, de paso en la Habana durante los meses frescos, explotaban allí sus artes misteriosas y hacían buenas zafras.

Desde luego, no las emplearon jamás para predecir nuestros adivinos negros, que eran hidrománticos y "veían" en el agua como los mandinga o en los espejos, como los congos. Cuestan muy caras las bolas de legítimo cristal de roca y su preparación, que es en extremo laboriosa, recordará en algunos puntos el proceso que observan con sus "Prendas" los Nganguleros, como el de permanecer un número de días enterradas en una tumba. Su pulimento ha de ser impecable; se dice que el más ligero roce las empaña e impide que durante días, el medium vea aparecer algo en ellas. En el cristal, porque es de la misma naturaleza que el aire, dice Paracelso, se ven todas las cosas movibles que se ven en el aire. Los chinos y japoneses dirán que es el aliento congelado del Dragón Blanco, o saliva del Dragón Violeta; ambos, chinos y japoneses, tributarios estos últimos de la civilización china, profesaban el culto a los Dragones —símbolo de Yang, elemento masculino— clasificándolos en familias . . . Azules, reyes dragones misericordiosos; rojos, reyes de los Lagos; blancos, reyes puros y virtuosos; amarillos, reyes benévolos, favorables; negros, reyes de las aguas misteriosas. Los hay que suben al cielo y otros que permanecen en la tierra y en las entrañas de ésta defienden tesoros escondidos.

Los individuos de ojos negros ven mejor en la bola, y aún más las mujeres, sobre todo si son vírgenes. La virginidad, la pureza es de importancia capital en las que vaticinan por este medio, y así es de presumir que la alarmante escasez de vírgenes afecte la cristalomancia donde más adictos ha contado. Habrá que volver a recurrir como en el pasado, a los niños . . . y antes de que vayan a la escuela.

Los que se dedican a vaticinar en las bolas de cristal, lo mismo que las Iyaloshas, Babaloshas y Mayomberos cuando se dirigen a sus piedras sagradas y cazuelas o calderos mágicos, nunca dejan de rezar e invocar una protección divina antes de mirar en ellas. Descuidar este requisito entraña peligro para el vidente.

Los ingleses, muy dados al ocultismo, tornaron hace un siglo a apasionarse por las bolas de cristal como en el XVII, y de nuevo éstas se pusieron de moda en Inglaterra. Los millonarios norteamericanos, que en los "eighties" aspiraban a refinarse y a parecerse a los ingleses, contribuyeron a que llegasen a los Estados Unidos las misteriosas bolas de cristal, alguna tan valiosa como la que compró Helen Gould.

Entre nosotros, Don Pedro Grau Triana, autor del tunel que atraviesa el puerto de La Habana, posee actualmente la bola de cristal que perteneció a Conan Doyle.

Quienes se interesen por este oráculo que es uno de los más antiguos que existen, y por los poderes místicos del Kristallos y de su influencia en personas de profundo temperamento místico, —anormales, según los médicos— estudiarán con provecho el Tratado de Magia del doctor Fausto,

(Hollengzwang) escrito en el siglo XVI, y a Cornelio Agrippa de Nettesheim, discípulo y amigo de Johannes Tritheim y autor de De Occulta Philosophia, una de las grandes figuras de aquel siglo con Paracelso y de la Porta, fundadores de la magia natural que buscaba las leyes secretas de la naturaleza y la utilización de fuerzas naturales.

JADE. Los chinos veneran el jade, producto de la unión del cielo y de la tierra, como gema sagrada, símbolo de armonía, de fuerza e inteligencia, de caridad, de justicia, sabiduría y modestia; de espiritualidad y pureza.

Por medio de un jade blanco obturado en el centro, que representa el cielo, el Emprador Yang Ti se comunicaba con el cielo. El Emperador de Jade que gobierna el universo, tiene su palacio de puro jade en la constelación Tá Wei. En el centro del cielo, soberano del Sol, de la Luna, de las estrellas, de las nubes, de la lluvia y del rayo, domina a los dioses y a los genios y combate a los demonios causantes de los males que afligen a los hombres, con ocho Preciosos Dimantes, es decir ocho genios benéficos que están a su mandar.

No tuvimos en Cuba coleccionistas ni conocedores de arte chino, pero se compraban chinerías caras en París y New York, porcelanas más o menos antiguas y piedras duras. El jade no hizo su aparición hasta tarde en joyerías que importaban sus mercancías de Europa. No recordamos haberlo visto en los mejores comercios chinos. Sin embargo, popularmente ya pasaba por mascota en dijes de precios asequibles a la mayoría que representaban a Buda o a un elefante con la trompa en alto, pero no tenían los chinos la exclusiva de la venta de esos Budas y elefantes que traen suerte, como de la de los esculpidos en marfil.

De tiempo atrás el comercio chino floreció en toda la Isla y las Santeras fueron buenas marchantas de ungüentos para el dolor de cabeza, esteras, mantas de burato y de seda, perfumes, polvos, jabones, de abanicos con varillaje de sándalo o laca y país con chinitos y pagodas, del vendedor chino ambulante, competidor del baratillero isleño. El chino es un personaje que a lo largo de toda la Isla no podría borrarse del recuerdo de la vida cubana: el chino viandero, el chino vendedor de "pecao fleco", el de las frituras de bacalao y los bollos de carita, el manisero, el billetero, el de la fonda y ¡el chino de la Charada!; pero ningún estudioso nuestro sintió curiosidad por saber lo que habían aportado al campo de las creencias populares, qué ingredientes chinos imperceptibles al paladar podrían encontrarse en la olla de nuestro folklore.

El 1847 fueron llevados a Cuba para remediar la carencia de brazos en los trabajos agrícolas y desde entonces los tuvimos en la Isla.

Don Urbano Feyjó Sotomayor partidario decidido en esa fecha de la inmigración asiática y subscriptor de número en aquella primera introducción, se muestra enteramente opuesto a ella el 1853. Señala entre otros inconvenientes que en su opinión presentaba: la sanitaria, "entrada de gérmenes que son endémicos en su país"; la económica: era más ventajosa la compra de negros como capital que ingresaba en la fortuna; la política: "en los chinos eran generales las ideas de insubordinación y las conspiraciones contra la vida de cualquiera" y advertía que su altanería y soberbia impedían toda conciliación con los negros, que a su vez despreciaban a los que parecían apocados y con pocos bríos en las labores. Este juicio con respecto al trabajo coincide con el que hemos oído a viejos trabajadores negros que vivieron con ellos a fines de siglo, en ingenios donde los chinos eran jardineros, se ocupaban en cultivar la huerta, el vergel o en otros menesteres porque "no le entraban a la caña como los negros". Eran muy reservados, no se franqueaban con nadie; susceptibles, rencorosos, crueles en sus venganzas, "atrasados...", sin embargo, "los había muy buenos", y el mismo Feyjó conviene en ello.

Se amancebaban con mujeres de raza africana y el mestizaje de chino con negra o mulata fue frecuente en Cuba. Eran muy generosos cuando se enamoraban: "Los chinos Manila son los que dan manilla de oro y manta bordada".[9] La mezcla con las blan-

---

[9] El reconocimiento a la largueza de los chinos con las mujeres se encuentra en los cantos de puya que se entonaban en los cortes de caña, que tenemos recogidos y en muchos cantares populares. Una guaracha de fines del siglo pasado, "Los chinos", alude a ella.

Verás a todos los chinos
cuando vienen de Cantón
comer arroz con palitos
y vivir en reunión.
Aquí canto esta guaracha,

mi vida, por divertirte;
contesta con la mulata
que me consuela el oírte.
Si te casas con un chino
haz de comer cundiamor
y tu rostro peregrino
amarillo se pondrá.
Muchas quieren a los chinos
y se dejan camelar
porque dan mucho dinero
y se dejan engañar...

cas y cuarteronas producía un tipo de mujer muy agraciado y fino.

No es posible que por muy secretos y desconfiados que fueran los hijos del Celeste Imperio, a lo largo de ciento doce años, —paramos el reloj el 1959— no comunicasen algunas de sus creencias, ni siquiera le contasen un cuento chino a sus hijos criollos. Nadie perdió su tiempo en indagarlo y a nosotros nos faltó el tiempo. Acaso hubiera sido difícil tocar ciertos temas, hacer preguntas en las que ellos podrían sospechar una intención burlona, pero de seguro que con paciencia algo interesante hubiera podido recogerse en ese campo intocado. Nos lo hace pensar alusiones a su magia hechas por algunos negros del campo que temían la brujería china, que sólo otro "paisano", otro chino, podría deshacer, y varias conversaciones sostenidas con una Santera villaclareña que "había nacido entre dragones, cohetes y palitos de olor, en el pueblo de Camajuaní, donde había muchos chinos", que adoraba, (como otra santera del barrio de Pogolotti) a un general de la antigüedad que es "el Changó de los chinos". Y también con un

Mayombero hijo de chino, que como todos los mayomberos (brujos) encarecía para las obras de hechicería, la "kiyumba" de chino...[10] (un cráneo de chino).

La primera nos hizo referencia a "un espiritismo estilo chino". Hacían sus sesiones como en su tierra, caían en trance y no admitían en ellas más que a chinos. A veces los espíritus hablaban en chino "fino", que no todos entendían. Cuando enfermaban invocaban el espíritu de una mujer, "un espíritu viejísimo que venía desde China y los curaba". Tenían además sus curanderos, sus remedios y sus hierbas. "Había muchos Eleguas chinos"... y muchos "Santos". Los chinos, aunque trataban de adaptarse al país, en el fondo eran muy apegados a los suyo, comían, vivían, se vestían a la china, no perdían sus costumbres y nunca llegaban a dominar el español. Sus fantasmas se aparecían con una forma distinta a la que tenían en Cuba los fantasmas. El Mayombero me aseguraba que "la brujería de los congos se parecía mucho a la de los chinos, pero ésta era más rápida y más fuerte. Mataban con papeles, y como los congos, adivinaban con espejos. Trabajaban con hierbas, pájaros y animales, y embrujaban como nadie las muñecas. Hacían muchas cosas malas, —y buenas— con grillos y caballitos del Diablo. Sus resguardos se los tragaban; y preparaban unos que eran como almo-

---

[10] Pelos de chino aparecen en las fórmulas de algunos hechizos para "atrasar" (producir daño).

hadas con fundas de seda china. A los muertos "los cuidaban y respetaban mucho, les quemaban palitos de incienso, les encendían velas y les daban de comer comidas chinas en las casas y en sus cementerios." Cuando su padre, comerciante en Zulueta, murió a principios de la República, a una edad muy avanzada, le metieron en la caja un paquete misterioso que él no pudo averiguar qué contenía...

¡De seguro que no eran los Seis Objetos Sagrados de jade que en homenaje al Cielo, a la Tierra y a los Cuatro Puntos Cardinales se colocaban en el féretro de los grandes, en la antigua China! Jade rojo —Chang— a la cabecera del cadáver en honor del Sur; al lado derecho, para honrar al Oeste, jade blanco, —Ju—; a la izquierda en honor del Cielo, verde, —Kuei— y amarillo, en el abdomen, en honor de la Tierra.

El jade, por su naturaleza, hacía incorruptible el cadáver. Por eso los Príncipes de la dinastía Han, se enterraban con jades que preservaban sus cuerpos de la descomposición, como las perlas, que también se le introducían en la boca.

Por supuesto, que ni los chinos que llegaron contratados a Cuba en tiempos de la colonia, ni los que vinieron más tarde, habían leído el Tao Te King, el Libro de la Razón y de la Sabiduría, de Lao Tseu, o el Yu-King, atribuído a Confucio y, salvo excepciones, hubieran podido hablar de la energía radiante que se concentra en el jade, pero sí, de haberlos sabido interrogar, de los dioses de su politeísmo, de sus dragones, de sus demonios y espíritus.

Lo que es el coral o el azabache para nuestros

niños, era el jade para los chinitos. Y para todos constituía un precioso resguardo que se usaba mucho. Era tan excelente que se guardaban pedacitos de jade en la mano con el fin de adquirir por contacto sus virtudes. Se alcanzaba la inmortalidad con un polvo de jade y de nácar. Como es musical, sanaba las cuerdas vocales, pero ya veremos sus propiedades curativas.

El jáde, aunque se le asocia espontáneamente con la China, como se relaciona la turquesa con Turquía, es también popular entre los mahometanos. En España era la piedra de Ijada, que los Conquistadores llevaron de América a la península, y se la llamó así porque los indios se las ponían entre las costillas falsas y las caderas para aliviar el dolor nefrítico y curarse los riñones.

VIRTUDES MEDICINALES DE LAS PIEDRAS PRECIOSAS

Otras piedras que salvan aunque no adornan.

Hemos indicado a vuela pluma en estas notas los poderes espirituales y mágicos de las gemas que son de todos más conocidas, pero serían incompletas si silenciara las virtudes curativas sobre las que apenas nos hemos detenido, que reconoció en ellas la medicina y que tantos médicos famosos alabaron y utilizaron en la curación de muchos males hasta una época relativamente cercana... "La Theurgia General y Específica de las graves calidades, maravillosas virtudes y apreciable conocimiento de las más preciosas piedras del Universo", del Capellán Juan Bernardino Roxo, (Madrid, Antonio Marín, 1747) es leído y consultado hasta fines del siglo XVIII. Me fue posible hojearlo en una de las más viejas ciudades de Cuba, San Juan de los Remedios, en la casa de un boticario que labraba minuciosamente en secreto, para sus amigos, falos de todos tamaños, coleccionaba diamantes y guardaba en el zaguán el féretro, diseñado por él, en que iba a ser enterrado.

Preciosas también pudieran llamarse y lo son sin duda por sus virtudes medicinales, otras piedras que no son ornamentales y que pocos conocen, a excepción de la Imán, como la Aetitis o Piedra del Aguila, la Estelión o Piedra de Sapo y la olvidada Piedra Bezaar, Bezar o Bezoar, (bad-zohar).

De la Santa Piedra Imán no es necesario hablar. ¿Quién no sabe en Cuba de la vieja devoción de que es objeto y no conoce sus propiedades talismánicas? Aparte de la "plausible de atraer a sí con suma eficacia el hierro y el acero y la inclinación innata de mirar siempre al polo", permite a sus dueños obtener cosas increíblos, aunque no tiene el poder de la Piedra Filosofal que trasmutaba el hierro en oro. La Imán no lo fabrica, pero proporciona suerte para ganarlo u obtenerlo. En el campo de la medicina es eficaz para evitar calambres, dolores reumáticos y neurálgicos; detener la sangre de las heridas y extraer los fragmentos de hierro que quedaren en ellas; expulsar el feto. Tan beneficiosa es para la salud como auxiliadora —bien lo saben las Santeras— para las mujeres a quienes abandonan sus maridos y que esta Santa Piedra les devuelve.[1]

En el pasado, la Aetitis o Piedra de Aguila, amarilla y redonda, que sólo se encuentra en el nido del águila, de la que los viejos tratados nos dicen que hay dos especies que se distinguen con los nombres de macho y hembra, fue apreciadísima en toda Europa y su costo era muy alto. Tanto como hace apenas una década solía costar en Cuba la piedra que el brujo robaba con muchas dificultades, de su nido, al Aura Tiñosa, —Mayimbe, Akalá.

Nuestros lejanos antepasados, los contemporáneos de Alvaro de Luna y Sarmiento, de Francisco Morejón, Juan Montalvo Blazquez, José Fernández de Córdoba, Ponce de León, Diego de Viana e Hinojosa, seguramente debieron conocer la famosa Piedra de Aguila que se utilizaba mucho en España aún ya bien entrado el siglo de las luces. Fue muy ponderada por los médicos que la recomendaban para provocar o demorar el parto conforme al uso que se hacía de ella; y a la vez se consideraba un amuleto seguro contra accidentes y ladrones, y le gran-

---

[1] Con la Piedra Imán se hacían en alquimia experimentos maravillosos, pero no operaba en presencia de un diamante o de un diente de ajo. Cuando perdía su virtud la recuperaba bañándola en sangre de chivo. El citado Obispo Marbodio dice que cuando se riega polvo de piedra imán sobre carbones ardientes, se produce un olor tan insoportable que no hay quien lo resista. Colocando la piedra debajo de la almohada de una mujer casada hará que ésta abrace con ímpetu a su marido, y si le es infiel, se caerá de la cama. Junto con el coral, asiste a las parturientas. Si se usa con oro fortalece el corazón, y con plata afina la vista y el oído.

85

jeaba las simpatías del prójimo a quien lo llevaba. Acaso por esta virtud se le buscó en Cuba un sustituto o equivalente en el nido de las Auras.

La Piedra de Aguila macho "es de tamaño de una agalla y de color algún tanto roxo, dentro de la cual se siente y suena otra muy dura. La hembra tiene figura oval y es de color ceniciento. Desmenúzase fácilmente y lo que contiene dentro de sí es barro o arena. Suena en meneándose por estar preñada de otra piedra que tiene adentro".

Algunas autoridades opinaron que esta piedra donde está realmente es en el estómago o en el cerebro del águila.

El jaspe, que Galeno aconsejaba llevar colgando del cuello para fortalecer el estómago y con el que se curaban las hemorragias, —de dar crédito a Boot, curaba las más rebeldes— le hacía la competencia a las parteras. El diagnóstico del médico que lo llevaba en la mano, era siempre seguro, pues "le ayuda a discernir las enfermedades". Sugeto al muslo de las parturientas les abreviaba el parto. Santa Hildegarda decía que desde que una mujer se sabía embarazada hasta que daba a luz, debía tener un jaspe en la mano para que los malos espíritus del aire no dañasen al nacer a la criatura. Esto evidentemente demuestra el poder mágico del jaspe, que en función de amuleto rechazaba los ataques de malos espíritus y las obras de hechicería. En el siglo XVIII, reducido a polvo sobre el consabido bloque de pórfido, como indican las antiguas farmacopeas, el jaspe se daba a tomar para detener las hemorragias, curar los flujos sanguinolentos y los accesos violentos de gota. Si hoy no se nos ocurre probar estos remedios totalmente relegados al olvido cuando falta el apetito, las digestiones son difíciles, duele el estómago o se padece de cólicos, nada se arriesga con seguir el consejo de Galeno y buscar remedio en un jaspe que no se ingerirá, sino que se pondrá sobre la boca del estómago o sobre el pecho. Otras autoridades, siguiendo a Galeno, decían que colocado sobre el pecho abría el apetito, procuraba buenas digestiones y se empleaba en la misma forma, en las crisis epilépticas. Enquistado en la carne de un epiléptico no se repetían los ataques durante un período de tres años por lo menos.

Del Estelión, (porque tiene forma de estrella, stelio) o Piedra de Sapo, saben los Nganguleros. Erasmo la ha descrito. Se halla en la cabeza de los sapos viejos. Se ve claramente la figura de un sapo encerrado en ella y se dice que si se pone en un plato hondo con vinagre, las patas del sapo se mueven como si nadase. Hay, según un autor de fines del siglo XVI, una manera de reconocerla que consiste en colocar la piedra frente a un sapo. Si no es legítima, el animal no se altera. El sapo es una criatura grave, pausada, de serenidad inalterable; pero si la piedra es legítima, se le ve exasperarse, abrir los brazos flácidos y brincar sobre ella intentando asirla. La idea de que un hombre se la adueñe lo enloquece.

En fin, a pesar de la mala fama que tienen los sapos, inseparables de la magia goética, de nigromantes y demonios que toman con frecuencia su apariencia, a pesar de Dioscórides, Nicandro, Gesner y de otros que sostuvieron que su aliento es mortal, venenoso su contacto, y no falta quien ha escrito que su mirada produce desmayos o convulsiones, (y aún la muerte, según un abate francés del mismo nombre y de la misma época que el autor de las Confesiones) esta codiciada piedra que crían en la cabeza los sapos viejos, es para todo veneno, un maravilloso antídoto.

También se encuentran piedras preciosas en la cabeza de las serpientes... y de los dragones. En la de las golondrinas hay una prenda muy fuerte que es irresistible para enamorar. Nuestro majá de Santa María —epicrates anguilifer— tiene una pedrezuela, —un huesito, me dice un Mayombero— que es un talismán inapreciable, pero caro y difícil de obtener.

Medicinal, dotada por la Divina Providencia con la misma propiedad de la Piedra de Sapo, e incomparable para hechiceros y curanderos es la piedra Bezar, Bezaar o Bezoar. (En España, en el siglo XVIII, cuando aún era popularísima se le llamaba corrientemente Bezar.) "Se cría en las entrañas de cierta cabra montés en las Indias y aunque no son todas conformes en el color, las que vienen de Oriente tienen color de oliva y como el de la berengena. El Doctor Laguna en el comento de Diocórides, lib. 5 cap. 72, dice que este nombre Bezar vale tanto como veneno: y según refiere Gerónymo de Huertas en el lib. 8 comentando a Plinio al cap. 32 viene del nombre Arábigo Belzaar, que significa Señora del Veneno. El P. Joseph de Acosta trata específicamente en su Historia Natural de Indias en el cap. 42 de esta piedra y dice que se halla y se cría en los vientres de otros animales salvajes y que también de algunos domésticos; pero más frecuentemente en el de la cabra montesa que los indios llaman Cipris, y que la causa de criar estas piedras es porque comen cierta hierba que es contra el veneno. Lat. Lapis Bezoaris. Pragma de Tass. año 1680 fol. 16. La onza de piedras bezares orientales no puede pasar de diez y seis reales de a ocho. Or. Hist. Chil. fol. 53. Crían estos animales en un seno que tienen dentro del vientre, las piedras bezares que son de tanta estima contra veneno y calenturas malignas". (Dic. de Aut. 1721).

A los árabes que practicaron una medicina racional, se interesaron por la de los griegos y romanos y tradujeron a Galeno, se debe la introducción de la Piedra Bezoar en Europa, en las postrimerías del siglo XII, y desde esa fecha hasta que el avance de la farmacopea la desterró por otros remedios, se tuvo universalmente como el mejor antídoto.

En España eran muy buscadas, sobre todo las que se encontraban en los ciervos, porque tienen grandes propiedades mágicas y eran por consiguiente, inestimables para los brujos y los curanderos. Su precio en el siglo XVIII excedió al de las esmeraldas. Se usó como laxante; los persas y los hindúes, como tónico, y en otras partes se aplicaba a las encías cuando dolían las muelas. Hacía sudar mucho cuando se administraba por vía oral, y ennegrecía los dientes. Se usaba también contra picada de serpientes y escorpiones.

Pero había otras lapides y lapillis repetimos, ocultas en la entraña de los animales —y aún en la del hombre, calculus humanus, dictus ludu: la Piedra Humana—, que curaban reducidas a polvo, porque todas son foréticas y purificantes de la sangre y contienen muchas sales volátiles— por ejemplo, la Piedra de Cangrejo, que disuelta en vinagre curaba las úlceras (lapides cancrorum fen occulis): "pedrezuelas que los cangrejos de la India Oriental crían en la cabeza y las desechan de sí en el estío a las orillas del mar y de los ríos: las cuales se cogen en abundancia y son muy usadas en la Medicina para endulzar los humores acres y para purificar la sangre y detener los vómitos y desconciertos": la del Percarum, un pez llamado Perca; la que se halla en el ventrículo o en la hiel del toro; la de la golondrina, (hirundinum) de cuya virtud mágica, no curativa, me habló una morena en Trinidad de Cuba, visitando una primavera la casona abandonada y medio derruída del Marqués de Guáimaro, invadida de golondrinas, en el valle de los desaparecidos ingenios.

Nada parecerá más lógico al devoto negro o blanco de cualquier secta africana, al olorisha, al Nkisi, al bokono que curaba en Cuba y ahora en el exilio valiéndose de un principio sobrenatural, de el dios que reside en una piedra, en un árbol, en una planta, que las gemas curen, como creyeron los blancos cristianos, que los conceptuaban salvajes, pero cuyas ideas en materia religiosa podían coincidir con las suyas... Su curandería tampoco estaba tan distante de su medicina.

Cualquier estudioso que haya conversado con un auténtico negro curandero, habrá podido apreciar que el concepto que estos tienen de la enfermedad y de la medicina no difiere del que durante siglos predominó entre los europeos cuando la teología regía la civilización y se habían perdido los métodos de la lógica griega. La enfermedad no la produce una causa natural, es un castigo divino o demoníaco; obra del diablo, como creía Lutero. ¿Qué mejor remedio, pues, que oraciones, ofrendas y promesas, exorcismos y contacto de reliquias? De creer esto a creer como el viejo curandero descendiente de africano, que la enfermedad es producto de la cólera de un Orisha o de un Mpungu, del espíritu de un muerto, del "trabajo" o "daño" que se encomienda a una fuerza maléfica sobrenatural, esto es, de una brujería que algún enemigo "nos mete en el cuerpo", francamente, va muy poco trecho.

Así pues, según su virtud específica para un mal determinado, además de actuar por contacto, las piedras preciosas se administran puverizadas como remedio, por vía oral, según se hizo con las perlas y los Cinco Preciosos Fragmentos,[2] como podrá verse en los más viejos tratados. El empleo que hizo de ellas la medicina fue universal. Sin duda, los

---

[2] Polvos de rubí, esmeralda, zafiro, topacio y jacinto: una de las fórmulas de más reputada eficacia.

91

buenos efectos que debieron surtir —cuando tal era la voluntad divina— emanaban del espíritu, de la fuerza arcana que reside en ellas... Como es eficaz el agua de la tinaja de Yemayá, de una Nganga, de una laguna sagrada en que vive un Orisha o el agua de Lourdes, que ha resucitado a tantos moribundos.

Según la intensidad de la fe que se ponga en ellas, —la fe todo lo puede— curarán hoy como curaban antaño, inmunizaron y sirvieron de preventivo cuando no existía la medicina preventiva.

Tomen nota las jóvenes Iyaloshas:

DIAMANTE. Cura la locura, (pero abundan testimonios históricos de que, como ocurre actualmente, enloquece a los tontos.)

En la Edad Media se usó como un preventivo en tiempo de epidemia y como remedio para los trastornos de la vesícula biliar. Se aplicaba también a los casos de lepra. Se decía que curaba los desvelos, aunque producía sonambulismo. En la India, una decocción de diamantes conservaba la juventud y la salud y el que la tomaba alcanzaba una edad provecta, sin las miserias físicas y la fealdad de la vejez. Repele el veneno, evita los abortos. Es sudorífico en las fiebres e intoxicaciones.

ESMERALDA. Conserva y restaura la vista y la memoria. Abre el apetito, cura la ictericia y otras enfermedades del hígado, activa sus funciones, cura las disenterías, la epilepcia, las hemorragias, especialmente las bucales. Calma los estados de ansiedad y los terrores morbosos. Se recomienda tenerla en los partos, pues da fuerzas a las mujeres en ese trance. Al mismo tiempo es anticonceptiva. Paracelso, que se comparaba con Hipócrates y decía que todas las Universidades juntas sabían menos que sus barbas, recomendaba las esmeraldas como una panacea para las enfermedades de las mujeres. ("Se preparan por destilación y se dan a tomar seis gotas diarias".)

RUBI. Contra veneno, enfermedades de los ojos y de la sangre, inflamaciones, estados nerviosos depresivos, hipocondría, melancolía. Para corregir trastornos hepáticos y conservar sano el organismo. Esta sencilla receta la podrán poner en práctica sin peligro las mujeres asiduas a los Institutos y Salones de Belleza, que se desesperan a la aparición de una arruga o de unas hebras de plata en el cabello y no se resignan a envejecer: consiste solamente en frotarse la cara con un rubí todas las mañanas... Fue experimentada por un rey de Ceylán. Este rey no envejecía, y a una edad avanzadísima, su cutis conservaba intacta la frescura de la juventud.

¿Actúa en este caso el rubí como talismán, o se trata de la acción revitalizadora que esta piedra maravillosamente tónica, como el sol, ejerce en los tejidos? Entre muchos casos de longevidad o si se prefiere, de juventud portentosa, se cuenta el de un dinamarqués, que tenía cien años y aparentaba veinte. No se frotaba la cara con un rubí ni, que se haya dicho, bebía ningún compuesto arcano. Tenía un anillo talismán, pero tampoco se dice si en su anillo llameaba un rubí. Este veinteañero centenario fue a Francia y allí tuvo amores con una vieja Condesa. Esta le quitó el anillo del dedo y se lo cambió por el suyo. Inmediatamente, a ojos vistas, la vieja Condesa se transformó en una doncella pimpante y fresca como una rosa y el pobre dinamarqués en un viejo caduco, encorvado y tembloroso, el pelo blanco, la cara cribada de arrugas. Por suerte, el dinamarqués triunfó de las trapazas de la Condesa y recuperó su anillo, y con él, su aparente juventud.

ZAFIRO. Excelente tónico del corazón. Contra todas las escrófulas. Calma los dolores, suprime los flujos. El tumor que se frota con un zafiro, sana y desaparece. Extraordinariamente benéfico para los ojos. Corrige la visión defectuosa, aclara, fortalece la vista, cura las cataratas y todas las afecciones de los ojos. En un tiempo en que las viruelas eran endémicas y no existía la vacuna, el zafiro impedía que afectaran los ojos.

Como la mayoría de las piedras preciosas y así lo habrá observado el lector, era también antídoto de venenos (se conocían más venenos que remedios). Contenía el sudor excesivo, y sin afirmar por falta de datos, que desvanecía el mal olor, bien merece como precursor de los nuevos productos que suprimen la transpiración y sus efectos desagradables en los olfatos finos, que se diera su nombre a uno de ellos. Sanaba también las úlceras del duodeno y las fiebres. Su uso mantenía el vigor y la elasticidad de los músculos.

AMATISTA. Una de las virtudes más conocidas de esta noble piedra, es la de evitar que su dueño se emborrache por mucho que beba. Cura dolores de cabeza, de gota y de dientes. Inmuniza contra epidemias y veneno. Mantiene el cuerpo saludable y los nervios tranquilos.

TOPACIO. Cura las hemorragias tan bien como el ámbar, y el asma, pulverizado y tomado con vino caliente. Contiene la sangre de las heridas. Vence el insomnio si se tiene el cuidado de poner uno debajo de la almohada; se dice que el fulgor de esta piedra evita las pesadillas. Colocado sobre el corazón calma la sed. Conserva la dentadura fuerte y sana y también los huesos; previene la calvicie y la alopecia. Corrige las várices de las piernas. Procura buenas digestiones y es muy beneficioso para los ojos. Según Epifanio de Chipre, cura la rabia.

En Cuba, en un odu de Ifá se cuenta cómo la mujer de Olofi, que era estéril, fue fecundada. Olofi deseaba tener un hijo. Pasaba el tiempo y no logrando su anhelo consultó al Adivino. Orula le hizo Ebó[3] a la mujer de Olofi y le dio su anillo de topacio para que se lo pasara por el vientre al acostarse. A los nueve meses dio a luz, pero se dijo en Ilé Ifé, el pueblo de los Osha, que "la barriga de la mujer de Olofi era de Orula . . ."

---

[3] Ebó: sacrificio, ofrenda. Es esencial en el culto a los Orishas para obtener su favor, y en particular el del orisha que brinda su protección al devoto.

Para partos difíciles, para que conciban las mujeres que no han podido tener hijos, el Babalao prepara un topacio con hierbas e ingredientes de Obatalá, y este topacio que recibe eyé de eiyelé[4] "comerá" cada vez que coma Oshún, es decir, participará de la sangre de los sacrificios que se le ofrezcan a Oshún.

GRANATE. Cura las arritmias y palpitaciones del corazón. Los esputos de sangre, los calambres, convulsiones y vapores de la menopausia. Actúa por contacto llevándolo al cuello.

JACINTO. Partos, contra veneno. Tónico del corazón y del cerebro. Convulsiones. Es posible que las sanara mejor que aquellas cuarenta gotas de extracto de cráneo humano que se mandaban y que desechó la farmacología con el famoso Mithridato[5] y la perfecta Theriaca o thriaca,[6] desprestigiada por Heberden en su Anthiteriaca (1745). Los alimentos que se daban al enfermo, era bueno frotarlos con un jacinto.

---

[4] Sangre de paloma.

---

[5] Era un compuesto de varias drogas, opio, víboras, agárico, etc. El agárico es una especie de hongo que nace en el tronco del árbol Larice y sobre otros árboles y se consideraba utilísimo contra todas las enfermedades. Era antídoto de todos los venenos. El nombre de este compuesto viene del rey del Ponto Mitrídates, que tan bien preparó su organismo contra los venenos que no logró morir envenenado cuando decidió suicidarse. Muy versado en la medicina griega de Egipto, formuló un antídoto universal contra los venenos que fue hallado en su gabinete después de su muerte.

AGUAMARINA. Excelente para evitar espasmos y convulsiones. Para la garganta, enfermedades de los ojos, dolores de cabeza y mandíbulas.

TURMALINA. Benéfica para huesos, dientes y males de garganta. Es magnética.

TURQUESA. Indica el estado de salud de la persona que la lleva. Influencia saludablemente el organismo. A la virtud de evitar las caídas se añade la de atraer a sí la fuerza del golpe, sobre la que muchos autores han escrito y a la que debió la vida el médico Anselmo De Boot, que dejó testimonio de su experiencia. Al abandonar recién graduado la ciudad de Padua, se desplomó con su caballo sin que nada le ocurriese a él ni a la bestia, rompiéndose en cambio la turquesa que llevaba en un anillo, al recibir todo el impacto de la caída. Esta piedra tiene también la virtud de proteger a los caballos e impedir que el agua fría les haga daño. Libra de contagios. Fortalece la vista y ayuda a la nutrición. Purifica el aire infeccioso.

LAPISLAZULI. Alivia los ardores de llagas y lastimaduras de la piel. Cura la melancolía y las

---

6 "Composición de varios simples calientes en que entran trociscos de víboras". "Para restaurar la debilitación por falta de calor natural". En realidad era un curalotodo. Es el Mithridato, que en manos de los médicos se convirtió en la thriaca, que contenía sesenta y tres remedios, todos absurdos. Todavía el 1721, cuando se suprimen muchas aguas y antiguos siropes, la thriaca, con otros productos animales está en uso en Europa, y en España prevalece hasta fines del siglo XVIII, época en que se despierta en la Metrópolis un interés por las ciencias en general.

fiebres intermitentes. Contra desmayos y abortos. Un excelente tónico cardíaco cuando intervenía en la confección del alchermes. El alchermes es un gusano muy pequeño y muy encarnado de seis pies, del tamaño de guisantes, dos cuernos y una colita. Este se cría dentro de unos granos de guisantes que nacen pegados a la corteza de un arbolillo al modo de encina pequeña llamado coscoja: y en las Boticas se preparan para muchas enfermedades". Dic. A. (1721).

JADE. Para enfermedades del riñón, dolores de ijada. "La piedra del cólico", la llamaron en España. Disuelve los cálculos del riñón y de la vesícula. Restablece y mantiene la salud, rejuvenece, fortalece los pulmones y la dentadura. Galeno lo elogia y aconseja su uso. Por contacto cura el estómago y el ombligo. Omitimos aquí todas las propiedades medicinales que le atribuyen los chinos y otros pueblos de Oriente.

CRISTAL DE ROCA. Es somnífero. Hace dormir y procura sueños agradables. Es bueno contra las diarreas, cólicos, disentería. Aumenta la leche de las mujeres que crían. Util contra la gota y el artritismo.

PIEDRA LUNA. Para la epilepsia y las crisis de nervios violentas. Su acción es refrescante.

OPALO. Bueno para combatir todas las enfermedades de los ojos. Fortalece y agudiza la vista. Combate la neurastenia, denuncia la presencia de veneno en el organismo y protege de contagios. Un collar de ópalos daba brillantez y espesaba la cabellera de las rubias.

CORAL. Tan importante como sus poderes espirituales son las propiedades curativas que atesora. Para combatir un padecimiento de cualquier tipo se frotaba con el coral las partes enfermas del cuerpo. Pulverizado, molido muy fino y mezclado con agua de rosas se empleaba internamente. También se preparaba en píldoras. Es antídoto de la esterilidad en las mujeres. Aumenta el caudal de su leche durante la crianza. Cura la gota, los flujos y hemorragias; las úlceras, las enfermedades hepáticas, de estómago e intestinos, los catarros, los esputos sanguinolentos y la anemia. Purifica la sangre, fortalece el corazón y el cerebro y equilibra los nervios. Suprime el terror y los sudores nocturnos.

La tintura de coral se tenía en gran aprecio para dominar las convulsiones, y el colirio para la supuración de los ojos. Su uso continuado era insuperable para la digestión.

Se curaba la acidez administrando al enfermo durante un tiempo, dos veces al día hasta seis pildorillas tomadas con agua o leche.

No vamos a insistir sobre su acción en los niños, a los que protege —y también a los adultos— del peor de los males: el de ojos, causa de toda enfermedad.

Con coral se trataba la epilepsia, la tos ferina y el croop. Es bueno llevarlo para protegerse del tabardillo. Se aplica a las encías enfermas y a los dientes. Alivia los dolores de pies. Eficaz en tiempos de epidemia. Hace frutecer los árboles que no han dado fruto.

ONICE. Se aplica a las mordidas de animales.

CORNALINA. Con el coral y el azabache, esta ágata venerable que llamaron los antiguos egipcios Sangre de Isis, era popularmente conocida y buscada para "buena suerte" y "buena salud". El lapidario de Alfonso el Sabio dice "que tiene virtud de restañar la sangre de herida y de narices y disminuye los menstruos prolongados y demasiado abundantes. Cura los pulmones, fortalece los dientes flojos y las cuerdas vocales.

CALCEDONIA. Para el embarazo y el parto. San Isidoro habla de tres especies; el lapidario de Morales dice que no hay más que una que participa de los tres colores del zafiro. La blanca, a la que nos referimos aquí, se cree en Italia que sólo de contemplarla aumenta la leche de las nodrizas y se relaciona con la Patrona de la lactancia, Santa Agata.

Consecuente con la idea que sustentan los lucumís de que el color de la piedra preciosa revela la divinidad que influye en ella, atribuímos la calcedonia "mate y blanca" al orisha Obatalá.

MALAQUITA. Cura los cólicos por contacto y precave del cólera Morbo.

AMBAR. Tiene muchas de las sagradas propiedades del coral y se le atribuye "ashé" para curar infecciones, hidropesía, ictericia, asma y todas las afecciones de garganta. Hasta principio del pasado siglo se vendía en Europa como preventivo del croop. Puesto sobre el corazón reprime ataques de histeria y crisis de epilepsia. Detiene la parálisis y rehabilita a los paralíticos. Por contacto resuelve las inflamaciones glandulares. Como los sacerdotes de Esculapio, los negros viejos en Cuba creían que evitaba contagios. Conserva entre nosotros todo su prestigio.

AZABACHE. Insistimos en destacar la importancia que se le da en Cuba como amuleto poderoso contra el mal de ojo y las brujerías y por consiguiente, como panacea medicinal. Convertido en un polvo impalpable y mezclado con miel se empleaba en ablandar y reducir tumores. Fue remedio de afecciones digestivas, estreñimiento, hidropesía y epiliepsia. Diluído detiene la caída de los dientes cuando éstos se aflojan. Pero lo que más se estimó en el azabache y lo hizo indispensable, fue su "gracia" para evitar el aire. Al aire se hacía responsable de muchos accidentes y males, neuralgias, tortícolis, migrañas, dolores de cabeza, fluxiones de pecho, digestiones cortadas, y "pasmo", del que eran víctimas frecuentes las planchadoras y cocineras, más expuestas que nadie, a "coger un aire". El pasmo, muy grave en los adultos, era el mismo terrible mal de los siete días que fue la causa, en el pasado siglo, de una mortandad enorme en los recién nacidos. Se creía entonces que la criatura se "pasmaba" al nacer si en ese momento recibía un aire. Para evitar impacto tan peligroso, toda partera consciente —por lo común eran negras las comadronas, y de ellas nos ocuparemos en un próximo libro sobre Yemayá y Oshún— tenía buen cuidado de cerrar herméticamente puertas y ventanas de la habitación de la parturienta y de la recién parida, aún a riesgo de asfixiarla, pues si un soplo traidor se colaba en ella y alcanzaba al niño, el mal se declaraba a los siete días, e innumerables angelitos, negros en su mayoría, volaban al cielo después de padecer cuarenta y ocho horas de convulsiones. El pasmo también hacía estragos en los adultos, más en los negros que en los blancos. En el campo éstos tenían que sacarse las niguas con mucha cautela sin exponerse al aire.

Si hasta ayer "un mal aire" seguía siendo de temer, hacía mucho tiempo que nadie se acordaba en Cuba de las niguas ni nadie, exceptuando los viejos, sabían qué era el Mal de los Siete Días. Desgraciadamente, debido a la falta absoluta de sanidad han renacido las niguas, y abundan en las "granjas agrícolas" donde los nuevos esclavos de ambos sexos, blancos y negros, según nos cuentan los que los han sufrido, son más desgraciados que los que traían de Africa. De pasmo, —tétano— y otras infecciones producidas por la suciedad, la falta de jabón y desinfectantes, tanto como de tuberculosis por mala nutrición y hambre, mueren muchos actualmente en ese "Territorio Libre de América". ¡Y pensar que nuestro país tenía un índice muy bajo de mortalidad y que era uno de los pueblos mejor alimentados del mundo!

AGATAS. Blancas y negras, grises y blancas y rojas y blancas.

"Unas piedras finas que son negras con bandas blancas redondas como una semilla de ojo de buey, tienen mucho prodigio", dice una vieja mestiza "espiritera" y echadora de cartas emparentada con la rama de brujos famosos Baró. Sin duda se refería a un ágata negra, y es de suponer que en Cuba también se conocieron como amuletos que tenían la propiedad maravillosa de desviar el arma blanca de un enemigo. Con polvos de ágata se desintoxicaba a los envenenados y se calmaba la sed. "Baxa el hervor de ardentismos" y calenturas, y era remedio específico contra la picada de alacranes.

PERLAS. En medicina se consideraron cordiales y eficaces para las infecciones y para el decaimiento. Una de sus grandes virtudes consistía en destruir los ácidos y en corregir la acrimonia del estómago. Con la sal de perlas, que se obtenía disolviéndolas en limón o en vinagre destilado, se revivía a los que sufrían desmayos o síncopes. En la Edad Media los médicos recetaban la sal de perla para el corazón, y en el Renacimiento, cuando va a iniciarse una nueva manera de pensar y de observar la naturaleza, la sal de perla es el remedio indicado para la epilepsia y la histeria.

Seis o diez gramos de sal de perla curan un flujo de vientre o una hemorragia. Curaba también el apetito desordenado e insaciable de comer y beber.

Las perlas se usaban para embellecer el rostro de las señoras de alto rango. Mezcladas con un polvo muy sutil, después de pasarlas por un proceso misterioso que les impartía virtudes extraordinarias, daba lustre hasta a la piel apergaminada de las viejas. Entre los remedios que prolongan la vida, figura en primer lugar. Las perlas también están dotadas de virtudes fertilizantes y ginecológicas.

El nácar, madre de las perlas, porque su color es vivo y resplandeciente, se molía y lo usaban las mujeres como polvos de cara.

LOS METALES

Cada piedra preciosa, a semejanza de las estrellas, brilla con su propio color y está asociada a un metal. Los metales están constituídos por una influencia astral y cada uno le corresponde a un planeta. Por esto existe una correlación entre el Oro, el Sol y el Diamante;[1] entre la Plata, la Luna y el Cristal; el Hierro, la Esmeralda y Marte; el Cobre, la Amatista y Venus;[2] el Plomo, la Amatista y Saturno; la Lata, la Cornarina y Júpiter; el Azogue, la Piedra Imán y Mercurio.

De los metales, el oro, engendro de un rayo de sol en la entraña de la tierra, es el más precioso y el más puro. Así su nombre se dió a una edad del mundo —la Edad de Oro— que está descrita por Hesiodo y Lucrecio y que dejó en la especie humana, en todas partes, una nostalgia incurable. Y no es para menos, pues en ese período los hombres y los animales, que también poseían el don de la palabra, si no eran inmortales, vivían sanos

---

[1] Según el lapidario del Rey Sabio (Alfonso x de Castilla) domina al Diamante, en el que se concentra la influencia de los Siete Planetas, además del Sol, Saturno. A la Esmeralda, Venus y Mercurio. Al Jaspe Rojo, Marte, al amarillo, Júpiter y al blanco, Venus. Al Rubí, el Sol y Venus. Al Coral, Venus y la Luna. A la Calcedonia y al Lapislázuli, la Luna.

---

[2] A Venus, como a Ochún, la Venus Yesa que se adora en Cuba le estaba consagrado el cobre.

y felices hasta una edad avanzadísima; no existía la enfermedad, la vejez ni el hambre, pues sobraban los alimentos que generosamente, a todos por igual, regalaba la tierra. No existía, por consiguiente, el trabajo embrutecedor y maldito. Esa época, la única en que se vivió sin mal y en santa inocencia y suave confraternidad, se acabó por culpa del hombre, animal que no comprende y no aprecia la felicidad sino cuando la ha perdido.

La plata, que se nutre de la Luna, es el segundo metal en importancia. Su nombre designa la segunda edad del mundo. Es símbolo de pureza, aunque en ella hicieron su aparición el libertinaje y la mentira. Los hombres dejan de adorar a los dioses, comienzan a matarse entre sí y a perseguir a sus hermanos los animales, que pierden el don de la palabra y no volverán a hablar más con ellos. Salvo excepciones, no se olvide que Salomón, el príncipe de los magos, sabía el lenguaje de los pájaros y el de las hormigas; y yo conocí en Guanabacoa, en la calle de la Cruz Verde, una viejita negra que hablaba con los perros, los chivos y los gorriones. En todo tiempo algunos hombres afortunados o sabios han merecido obtener con su magia o de su dios, o acaso por la gratitud de una bestia con la que se mostraron bondadosos, la facultad, si no de hablar, de entender su idioma o su silencio emocionante.

El bronce, antiquísimo y sagrado, dio su nombre a una época de violencia y de sangre en la que todo fue arrasado brutalmente por la guerra; y el hierro, a una que no conoció ley ni justicia y en la que el culto a las divinidades desaparció de la faz de la tierra.

El plomo fue considerado por los antiguos como uno de los metales básicos. Los alquimistas lo llamaron Saturno y lo empleaban para hacer oro. Sin espacio para extendernos sobre un tema que queda más allá de nuestras fuerzas, pues desemboca en la astrología y en la alquimia,[3] basta recordar lo que todos sabemos: que los metales, por la fuerza que les es inherente, son materia ideal para fabricar amuletos y talismanes en los que el arte del mago, en un objeto visible, como una joya, un anillo o una manilla de oro, plata o cobre, hierro o plomo, reúne espíritus o energías invisibles que residen y

---

[3] Alquimia: El origen de esta ciencia oculta —antepasada de la química— que aspiró a transmutar en oro los metales y se fundaba en el principio de unidad de la materia, se le atribuye en el siglo IV a Hermes Trimegista, —Tres Veces Grande—, el dios Thot de los egipcios, escriba de los dioses, inventor de la escritura, dios de la magia y de la sabiduría. Sus escritos, al fin del Imperio Romano, formaron el canon secreto de las ciencias esotéricas y Thot, transformado en Hermes, fue patrón de magos y taumaturgos. Se cultivaba al mismo tiempo que en Egipto, en Grecia y en Roma. A Europa la llevaron los árabes en el siglo VII. Cien años después de la invasión florece en las regiones prósperas e industriosas de la España musulmana, donde una pléyade de sabios se distinguen en las escuelas de Sevilla, Córdoba y Toledo. De España se extiende por toda Europa en tratados escritos en árabe y griego.

Desde muy temprano, con la búsqueda de la transmutación de los metales en oro, arte secreto de los alquimistas se dirigió a obtener un Elíxir de Vida, un agua maravillosa que prolongara la vida. Concepción fundamental de la Alquimia fue la preparación del oro, y su objeto final la creación artificial del hombre (del Homunculus). (Véase R. F. Allendy: L'Alquimie et la Médicine.)

operan en estos. En ciertos casos, enseña Jamblico, la materia posee condiciones que la hacen apta para recibir a los dioses. (En eso consiste la ciencia del Santero o del Palero cubano, en conocer las que están en relación con los Orishas, los vodú y los Mpungo.)

Como hemos hecho con las piedras preciosas, nos limitaremos a anotar sumariamente las propiedades curativas de cada metal.

ORO. El más noble, bello y valioso a través de los siglos, el más rico en quintaesencia, el oro, es también el de propiedades medicinales más potentes y efectivas. Fortalece, purifica la sangre. Es muy beneficioso cuando se contrae el sarampión, que el paciente retenga en su mano un padacito de oro de 24 kilates. Se empleó secularmente contra las escrófulas, y con éxito, en las enfermedades del corazón y de la piel; en los casos de melancolía, hidropesía y de mal gálico, es decir, de sífilis[4] los cinco siglos que duró esta plaga, primer regalo de América a Europa, donde no se conocía con anterioridad al descubrimiento. Y podría decirse que el "mal venéreo", como también lo llamaron los astrólogos porque atacaba las partes del cuerpo que están bajo la influencia de Venus, tuvo un gran éxito en las cortes europeas, atacando a Emperadores, Reyes, Reinas, Papas y Cardenales... Se puso a la

---

[4] La palabra sífilis tuvo su origen en el nombre del protagonista de un poema ("Sifilo") sobre el Morbus gallico, que vio la luz en Venecia el 1530, escrito por Fracastoro, un médico poeta.

moda, y contraerla se hizo de buen tono entre los nobles señores cuya reputación no dañaba, sino al contrario, podía interpretarse como señal evidente de que eran afortunados con el bello sexo.

El Oro Potable,[5] sólo o mezclado a otros remedios operaba maravillas. Se indicaba en más de treinta enfermedades agudas o crónicas, y desde hacer crecer el pelo, curar la sordera, las bubas, la gota, los cólicos —el miserere—, la bronquitis, la hidropesía, hasta aplacar los dolores de muelas, el oro se revelaba un medicamento sin par. Hace unos treinta años las sales de oro durante un tiempo hicieron concebir esperanzas a muchos tuberculosos desahuciados.

PLATA. Con el segundo metal noble se fortalecía notablemente el cerebro. En preparaciones potables, tintura, espíritu y esencia, —en las llamadas píldoras lunares o de plata para las jaquecas y dolores de cabeza, en pomadas o ungüentos hechos con cera virgen blanca y con aceite, para sanar y secar las úlceras—, se remediaba todo tipo de enfermedades. La plata conforta los espíritus animales y su acción es benéfica en todo padecimiento, especialmente en las apoplejías y epilepsia.

COBRE. Estimula las funciones sexuales, pero la virtud que lo hará acreedor a la gratitud de los que experimenten su efecto, es la de curar la ar-

---

[5] "Oro Potable, medicina que hacen los médicos del cuerpo del oro quitándole lo corrosivo y desatado en espíritu de vino, queda color de rubí y es remedio muy útil en muchas enfermedades." (Dic. A. 1721.)

tritis, prevenirla, o si ésta ha tomado demasiado cuerpo, aliviar sus dolores. En la India se llevan aretes de este metal sagrado, contra la ciática; en la Edad Media se rodeaba el talle con un cinturón de cobre para vencer el reumatismo y, actualmente, los que saben de esta propiedad específica del cobre y lo padecen, llevan siempre una manilla o un anillo. Así se preservarán también de microbios infecciosos, de intoxicaciones por aguas impuras, de fiebre tifoidea y otras enfermedades contagiosas. Se ha dicho que con una moneda de cobre como amuleto, se salvaron muchos italianos, alemanes y austríacos durante la epidemia de cólera de 1884, y que en la ciudad de París, por precaución, se dio a tomar gotas de sal de cobre al ejército.

Los reumáticos hallarán también alivio usando un anillo de cobre y zinc. Esta combinación es beneficiosa para los enfermos de los pulmones, disminuye las flemas y los sudores nocturnos, evita también las neuralgias.

HIERRO. Es demasiado conocido en la terapéutica desde los tiempos de Sydenham, como productor de sangre, para insistir aquí sobre las poderosas propiedades que encierra para fortalecerla, renovar y aumentar su caudal. Acaso se conoce menos su potencialidad mística, que le valió el nombre de "Fuego del Cielo" que le dieron los babilonios y "Maravilla del Cielo", los egipcios. Es un amuleto insuperable contra malos espíritus y trabajos de magia nefarios. El temor que el hierro le inspira a los brujos malos es universal. Por ejemplo, en la China, aterra a los dragones. La voz del hierro siembra el pánico en parajes que están habitados por entes indefinidos y maléficos que saturan el aire con sus emanaciones a veces mortales, imperceptibles al ojo o a los sentidos de los que no están dotados de facultades metapsíquicas. Todos los objetos de hierro, cadenas, anillos, herraduras, clavos —los "Bisonso" de los Nganga—, tienen un poder protector.

Los artríticos y... estípticos se beneficiarán con el uso de un ágata roja montada en hierro. Es también muy profiláctico.

PLOMO. O Saturno, que dirían los astrólogos y químicos. Los antiguos lo contaban entre los metales básicos. Fue muy usado por los alquimistas para hacer oro. Sus virtudes curativas se consideraban notables y con él se preparaban medicinas que prolongaban la vida. La leche de plomo curaba las úlceras rebeldes; la sal bajaba las inflamaciones; el azúcar o acetato, calmaba los dolores. Otra de sus virtudes, que son innumerables en concepto de algún galeno del pasado, consiste en curar la pasión de ánimo —a pesar de creerse que el planeta Saturno infunde melancolía—, con una tintura que se compone con plomo y viagre destilado.

Refresca, cicatriza, hace salir carne nueva y saludable. Domina la lujuria. Se utiliza en las enfermedades venéreas y como anticonceptivo.

LATA. (Júpiter). La sal de lata fue remedio eficaz para las sofocaciones y fogajes. Curaba las llagas pestilentes y las úlceras pútridas.

AZOGUE. Mercurio. Masculino como el Sol y femenino como la Luna, el azogue es andrógino.

Puede transmutarse en cualquier metal y en él hallaron un catalizador los Alquimistas para la Gran Obra. ¿Se logró la transmutación del mercurio en oro? Parece que sí... En el siglo XIV en Aviñón, el Papa Juan XXII fabricó una buena cantidad de oro; y en Londres, el doctor iluminado Ramón Lull, de quien dijo Menéndez Pelayo que en él "se hizo carne y sangre el espíritu aventurero teosófico y visionario del siglo XIV juntamente con el saber enciclopédico del siglo XIII", logró con la proyección de mercurio, además de oro, un bellísimo diamante. Pero el secreto se perdió... y cómo se perdió lo cuenta Leo Larguier en "El Fabricante de Oro Nicolás Flanel".

Muy recomendadas por médicos, astrólogos y hechiceros fueron las preparaciones de mercurio con cinabrio —"liquor muy roxo que destila un árbol que se cría en Africa"—, que no es otra cosa, dice Andrés de Laguna (Dioscórides), que "aquel encendido liquor y a los pintores muy conocido que vulgarmente se dice sangre de drago", el vermellón de Castilla. Los compuestos de hierro y mercurio eran afrodisíacos reputados infalibles entre la clientela real y principesca de los astrólogos y galenos influyentes en las cortes europeas.

ACERO. Es hierro purificado y sin escoria. Se daba a tomar compuesto de varias maneras para curar la opilación, —"la obstrucción y embarazo en las vías y conductos por donde pasan los humores que son en los cuerpos vivientes aquellos licores de que se nutren y mantienen." Así dice Quevedo en una letrilla:

111

La morena que yo adoro
y más que la vida quiero
en verano toma acero
y en todos los tiempos oro.

Empachados se le llamó en Cuba a los opilados, y el pueblo, que no gastaba en botica, en todo tiempo lo curó con una oración, masaje con aceite y sal, cocimiento de raíz de ajo y un purgante de los fuertes.
En fin, para los adeptos de los cultos africanos en Cuba, sagrados son los metales. Su secreto, como saben los devotos de los Orishas, pertenecía a Ogún Alaguedé, el Herrero divino, el Dueño de las Fraguas, del Hierro —Irín— y del Acero —Irín dale— que es hijo del Hierro; el dios que dio a los hombres, al comenzar los tiempos, las indispensables herramientas para labrar la tierra, armas para defenderse y para atacar.
El Oro, "que en lucumí se dice ura", le pertenecía a Orun, el Sol, a Olodumare y a Olúayé; pero el oro fue maldito por Olofi cuando los hombres quisieron entronizarlo como dios supremo y no vacilaban para obtenerlo en cometer toda suerte de crímenes, horrores e ignominias. Alú Ayé renunció a él y escogió el metal menos valioso, el cobre, hijo del oro; como también prefirió para vestirse el más pobre de los géneros, el yute.
La plata, Fadaka, madre del plomo, es de Obatalá, Olokun, Yemayá, Inle.
El plomo, —Oye— es de Olokun Yemayá por-

112

que puede permanecer en el agua, en la mar, sin que lo destruya el salitre, como al hierro.

La lata, el zinc, —"en lucumí Tangará"— es de Osun, el mensajero de Olofi y de Obatalá, representado por una vara que remata la figura de un gallo que protege al Babalawo y es atributo de su dignidad.

Para terminar, una piedra preciosa es, en potencia, un amuleto que por sí misma, cuando el rito no la consagra, ejerce su influencia prendiéndose a una vida en un alfiler, brillando en un collar, en una pulsera, en un anillo, símbolo perfecto de alianza con algún poder arcano que, aún en los más profanos, implica una idea de ligamen a ese misterio que se concentra y mira en las piedras preciosas como mira en las estrellas.